Uta Mazzei, geb. 1934, lebt heute teils auf der
Insel Elba, teils in Österreich. Schon 1962 begleitete
sie Ihren Partner auf ausgedehnten Asienreisen, dabei
entstanden zahlreiche Filme für das deutsche Fernse-
hen, die sie in den Büchern „Mit dem Auto nach Afghanistan, Pakistan und Indien", „Kisil Ayak"
und „Wo, bitte, ist Belutschistan?" beschrieben hat.

UTA MAZZEI-KARL

Impressum:
© 2021 Uta Mazzei-Karl

Lektorat: Erwin Simonitsch
Bildmaterial aus dem Archiv der Autorin
Bildbearbeitung: Eva Reifmüller
Umschlagerstellung: Angelika Fleckenstein; Spotsrock

Verlag & Druck:
tredition GmbH
Halenreie 40–44
22359 Hamburg

ISBN
978-3-347-30670-7 (Paperback
978-3-347-30671-4 (Hardcover)
978-3-347-30672-1 (e-Book)

Besten Dank an Frau Eva Reifmüller für die Bildbearbeitung der Fotos und Herrn Erwin Simonitsch für das Lektorat.

Vorwort

Vaters Liebe zu Tieren und sein Interesse an Natur-
wissenschaft war für mich ein unbewusstes „Vorle-
ben", dessen ich mir erst viele Jahre später bewusst
wurde. Das erste meiner Kinderbücher, das ich schon
mit 18 Monaten erhielt, hieß „Habt die Tiere lieb".

Beginn der 1960er Jahre fuhr ich mit meinem dama-
ligen Lebensgefährten nach Indien. Schon in Jugo-

slawien sah ich verwundert schwarze Schweine, in Griechenland erlebten wir, wie schwere Erntemaschinen viele Schildkröten überfuhren, die wahrscheinlich auf dem Weg zu ihren Eiablageplätzen waren. Wir konnten noch einige retten. In der Türkei faszinierten mich die Kamele und im Norden Irans bemerkte ich beim Vorbeifahren, dass die überbordend mit Getreide beladenen Tiere, von denen man nur die Beine sah, Esel waren, die ihre Ladung zum Dreschplatz brachten. In Afghanistan kam ich schon mit Affen in freier Wildbahn in Berührung, die ich eigentlich erst in Indien erwartete. Später machten wir Dokumentarfilme für den BR und das ZDF und auch einige über Tiere, zum Beispiel über die letzten Löwen Indiens, über Elefanten und Rhinos und in den Sunderbans versuchten wir, einen berüchtigten *man eater*, einen Royal Bengal Tiger vor die Kamera zu bekommen. Der Kirgisenkhan schenkte uns einen jungen Wolf, den ich nach Österreich brachte.

Warum beschreibe ich meine Erlebnisse mit Tieren so viele Jahre später? Wegen Corona ist alles gesperrt, keine Besuche keine Reisen. In meinem Bauernhäuschen über Mittersill sind all die Unterlagen von früheren Asien-Reisen und ich vertreibe mir die Zeit, ungewöhnliche Vorkommnisse in meinem Leben zu dokumentieren. Die Welt verändert sich so schnell, dass man diese Geschichten beinah schon als „geschichtlich" betrachten kann.

Inhaltsverzeichnis

Unser Bullterrier

Vater nahm mich mit, als er den kleinen Bullterrier in Rosenheim vom Züchter abholte. Zuhause war schon unter dem Schreibtisch, an dem ich meine Schulaufgaben machte, ein Korb für ihn vorbereitet. Diesen kurzhaarigen, weißen Welpen mit einem schwarzen Fleck um das Auge, durfte ich im Auto während der Fahrt auf meinem Schoß halten. Vom ersten Moment an hatte ich zu diesem Lebewesen eine Zuneigung. Er hieß Dit und anfangs sprachen die Nachbarn wegen seines weißen Fells vom Karl-Schweindl, doch das änderte sich bald. Ein Bullterrier muss streng erzogen werden und lernen zu gehorchen, damit er sich nicht zu einem gefährlichen Hund entwickelt, sagte Vater. Wenn Dit einem Hendl nachrannte oder gar strawanzen ging, wurde er bestraft, bekam dann manchmal einen Hieb mit der Hundepeitsche. In diesen Augenblicken hasste ich meinen Vater, umarmte und kuschelte mich an den Hund, sobald ich wieder mit ihm allein war.

Mein Bruder und ich hatten auch Respekt vor ihm, nie hätten wir uns getraut, ihn beim Fressen zu stören. Damit Dit von seinem Korb nachts hinausspringen konnte, hat man im Sommer das Rollo von der Kanzlei zum Garten halb offen gelassen. So wurden in der Kriegszeit keine Weißäpfel mehr geklaut, zum Muttertag kein Flieder abgerissen und im Sommer keine Zwetschken. Vor unserem Bullterrier hatte man Angst, seit es sich im Ort herumgesprochen hatte, dass ein Mann, der ins leerstehende Büro ging, um einen Lieferschein auf Vaters Schreibtisch zu legen, vom Hund auf den Boden geworfen worden war.

Die rührendste Erinnerung an diesen Hund habe ich, als Vater einmal nach längerer Abwesenheit heimkam. Wir konnten ihn nicht begrüßen und umarmen, denn der Hund sprang jaulend vor Freude an ihm hoch, ließ nicht von ihm ab, ehe mein Vater der stürmischen Hunde-Begrüßung ein Ende gebot.

Das Ende von Dit war tragisch. Mama spazierte mit

meiner Schwester im Kinderwagen, meinen Bruder und mir auf der Landstraße nach Oberndorf, als ein Besatzungs-Jeep daher raste. Wahrscheinlich wollte uns der Hund beschützen, denn sprang er dieses Fahrzeug bellend an und wurde überfahren.

Aus dem nahegelegenen Bauernhaus kam ein Mann und bat um die Hundeleiche. Warum? fragte meine Mutter. Er erzählte, dass seine Frau Tuberkulose hätte und Hundefleisch das beste Mittel dagegen wäre, so konnte sie es nicht ablehnen. Ich hätte Dit lieber im Garten begraben, als mir vorzustellen, dass er gekocht und gegessen wurde. Zur Erinnerung malte ich auf die Rückenlehne der Gartenbank seinen von einem Blumenkranz umrandeten Kopf mit dem schwarzen Fleck ums Auge.

Fiffi

In Indiens Hauptstadt das Marina Hotel zu finden, war ein Albtraum. Im Straßenlabyrinth Alt-Delhis verfahren wir uns dauernd, die Straßenschilder in Hindi sind für uns unlesbar. Unser Auto quält sich durch die Menschenmenge, im Schritttempo fahren wir an Ochsenkarren vorbei, magere Kühe laufen ziellos herum oder liegen mitten auf der Straße. Die Leute betatschen die Autofenster, sind zudringlich und neugierig. Auf jede Frage erhält man die Gegenfrage *„where do you come from?"* Hari will kein Kreuzverhör, sondern wissen, in welcher Richtung es zum Connaught-Circus, wo sich das Marina Hotel befindet, geht. Endlich erreichen wir es und bekommen, was wir brauchen: Ein großes Zimmer mit Bad und viel Platz für unser Gepäck.

Zur Diplomatic Enclave, wo wir am nächsten Tag bei der österreichischen Botschaft unsere Post abholen, führt eine Prachtstraße. In der Mittagszeit war da kaum Verkehr. Nichts in diesem modernen Wohlstandsviertel erinnerte an Indien – oder doch? Ein Tanzbär trottet an einer Kette hinter seinem Wärter auf dem platanengesäumten Trottoir, gefolgt von einem Pekinesen mit einem roten Mäntelchen, das um seine Beinchen herumschlackert. Etwas später auf der Rückfahrt sehen wir, wie der Mann mit dem Tanzbär in der Einfahrt zum Ashoka-Hotel verschwindet. Das Hündchen gehört wohl nicht dazu, denn es steht verloren auf der Straße, ist wie durch ein Wunder noch nicht überfahren worden. Hari hält an, wir nehmen es kurzentschlossen mit in unser Hotel.

Es ist eine alte Pekinesin, die kaum mehr Zähne im Mund hat. Im Zimmer bekommt sie gleich etwas zu trinken und ich befreie sie von dem lächerlichen Hundemäntelchen. Flöhe springen mir entgegen, worauf ich sie mit DDT einpudere und in ein Badetuch wickle. In unserem Gepäck befindet sich alles, angefangen vom DDT bis zur Corned Beef-Dose, die Hari gerade für Fiffi – so nennt er sie – öffnet. Abends bringen wir sie in die Grünanlagen am Connaught-Circus, mit Haris Kimonogürtel als Leine. Aber Fiffi streikt, sie will nicht spazieren geführt, sondern spazieren getragen werden, und das nur von Hari. Mich mag sie seit der Flohbehandlung nicht. Das beruht auf Gegenseitigkeit. Ich frage mich schon, was wir mit diesem alten keifenden Hundevieh anfangen sollen. „Hättest du lieber zugesehen, wie sie vom nächsten verrückten Taxifahrer überfahren wird?", sagt Hari, ärgerlich über meine Hartherzigkeit.

Die österreichische Botschaft rät uns zu annoncieren, denn die Fundgegend würde darauf hindeuten, dass das Hündchen einem wohlhabenden Inder gehören könnte. Und so war in zwei Tageszeitungen zu lesen: *„Old pekinese lady-dog with red embroidered coat found near Ashoka Hotel. Call Austrian Embassy ..."* Da wir nach Südindien weiterreisen wollen, erklärt sich die Bibliothekarin der österreichischen Botschaft sogar bereit, das Tier einstweilen zu sich zu nehmen. Als wir später erfahren, dass sich der Besitzer, wie vermutet ein wohlhabender Inder, auf die Annonce gemeldet hatte, fällt uns ein Stein vom Herz.

Hari mit Fiffi

Die heilige Ratte

20. Dezember 1969

Wir haben es eilig nach Goa zu kommen, um noch Vorbereitungen für den Fernsehfilm „Weihnachten in Goa" zu treffen. Unser Kameramann Sigi und ich fahren mit dem VW-Bus auf der *Great trunk Road* voraus. Hari muss in Delhi zurückbleiben, denn die von Deutschland nachgeschickten Scheinwerfer, die wir zum Ausleuchten der Kirchen brauchen, sind beim indischen Zoll hängen geblieben. Wie schwierig und zeitraubend es ist, etwas vom Zoll auszulösen, kann sich nur der vorstellen, der schon mal mit der indischen Bürokratie konfrontiert war.

Great trunk heißt großer Elefantenrüssel. Diese von den britischen Kolonialherren erbaute Straße, ist so benannt, weil sie wie ein leicht gebogener Elefantenrüssel vom Khyberpass über Delhi bis nach Benares führt. Durch Kiplings Geschichten ist sie weltberühmt geworden. Doch unser Ziel ist Goa, deshalb biegen wir auf die nach Süden führende Variante ab. Auf diesen Straßen ist meistens nur der Mittelstreifen asphaltiert. Kommt einem ein Lastwagen entgegen, gilt natürlich das Recht des Stärkeren. Der Schwächere muss auf die oft vom Monsun ausgewaschene Bankette ausweichen. Kommt ein Personenwagen entgegen, spielt man *chicken* – der mit den schwächeren Nerven gibt nach und oft sind wir es, die auf dem nichtasphaltierten Teil der *Great trunk road* landen. Bankette ist vielleicht nicht der richtige Ausdruck für diesen breiten und von großen schattenspendenden Bäumen umgebenen Teil der Straße, der den Nichtmotorisierten vorbehaltenen ist. Hier verkehren die von Zebuochsen gezogenen Wägen mit Erntegut, Herden von Wasserbüffeln, Reiter, Fußgänger und auch Hirten, die mit ihren an langen Stöcken befestigten Sicheln alles erreichbare Grün für ihre hungrig wartenden Ziegen absäbeln.

Im Abstand von Tagesreisen gibt es entlang dieser wichtigen Verkehrsadern Indiens sogenannte Dak Bungalows zum Übernachten. Als es dämmrig wird, halten wir bei einem. Doch da dieser besonders verlottert ist, das Moskitonetz Löcher hat, die durchgeschwitzten speckigen Matratzen einen säuerlichen Geruch verströmen, ziehe ich es vor, im VW-Bus zu schlafen, der unter einem riesigen Banyanbaum vor dem Bungalow geparkt ist. Wir haben zwar keine Campingeinrichtung, aber über dem ganzen Filmgepäck befindet sich eine Abdeckung aus Sperrholz, auf der man zur Not schlafen kann. Dort breite ich meinen Schlafsack aus und schlüpfe in ein zusammengenähtes sackähnliches Leintuch, das ich bis über den Kopf ziehe, um vor Moskitostichen halbwegs geschützt zu sein. Das Schiebedach lasse ich offen. Der Kameramann Sigi schläft im Dak-Bungalow.

Mitten in der Nacht werde ich wach. Ich höre ein Geräusch, ein Rascheln im Bus. Um Gotteswillen, was ist das? Ich bin hellwach. All meine Sinne sind angespannt. Man kann nichts sehen, es ist stockdunkel. Plötzlich höre ich wieder ein Rascheln. Es muss ein Tier sein. Eine Schlange! Eine Kobra? Was tu ich jetzt? Nur nicht den Verstand verlieren. Zentimeter für Zentimeter beuge ich mich vor, bis ich den Reißverschluss des Schlafsackes finde, und ihn zuziehen kann. Aufatmend lass ich mich zurückfallen, fürs erste bin ich geschützt. Wenn sie zubeißt, beißt sie erst mal in die Daunen und hat dann hoffentlich den Großteil ihres tödlichen Giftes verspritzt. Ich lausche. Lang. Es ist mäuschenstill. Wo ist sie? Wie ist sie hereingekommen? Wahrscheinlich durchs offene Dach, der Bus steht unter einem Banyanbaum.

Immer noch fast starr vor Schreck versuche ich, die Dunkelheit um mich zu durchdringen. Ich höre nichts mehr und trotzdem spüre ich, dass ich im Bus nicht allein bin. Es scheint mir eine Ewigkeit, bis ich den Mut fasse, Licht zu machen. Denn dazu muss ich den Innenlichtschalter erreichen. Eingewickelt in den Daunensack robbe ich mich langsam vor, taste dann blitzschnell mit der Hand zum Schalter. Statt der erwarteten Kobra mit aufgeblähtem Brillenschild sehe ich eine große Ratte auf dem Armaturenbrett. Erleichtert und fast hysterisch vor Freude, dass es nur eine Ratte ist, schreie ich „Siiiiiigi! Siiiiiigi!" und nochmal „Siiiiiiigi!"

Er kommt verschlafen mit der Taschenlampe in der Hand aus der Tür des Dak Bungalows und öffnet die Bustür. Ich erzähle ihm was passiert ist, der durchgestandene Schreck ist mir noch anzusehen und Sigi sagt beruhigend, ich hätte wohl schlecht geträumt.

„Nein, es ist kein Traum, es ist so wahr wie ich da stehe. Zum Glück war es keine Schlange, nur eine Ratte!"

„Die Ratte hätt' ich ja beim Aufmachen der Bustür sehen müssen", insistiert Sigi. „Du hattest einen Albtraum!"

Ich bin empört, dass er mir nicht glaubt. Da ich nicht mehr schlafen kann, schlage ich vor, aufzubrechen. Es ist noch vor Sonnenaufgang, doch wir haben eine lange Reise vor uns. Sigi lässt die Autotüren offen, während ich im Bad mit dem Kübel Wasser, den der *sweeper* am Vorabend mit der Bemerkung "*good wash*" gebracht hat, eine Katzenwäsche mache. Vorsichtshalber ziehe ich mir statt der Sandalen die Clarks an, ich möchte nicht von der Ratte in den Zeh gebissen werden. Sigi belächelt mich milde, fast verzeihend, denn er glaubt mir kein Wort.

Entlang der Straße stehen beidseitig Bäume, von denen es einst zwei Reihen auf jeder Straßenseite gab. Jetzt sind die übriggebliebenen Bäume nummeriert und die einzelnen Stämme mit aufgeschnittenen Fässern gegen Wildverbiss geschützt. Im Freien schlafen Leute eingewickelt in Decken und Tücher auf Charpois. Da es jetzt am frühen Morgen im Dezember ziemlich kühl und klamm ist, dreht Sigi die Heizung an. Plötzlich zischt er was und streift mit dem Bus beinah den Alleebaum auf meiner Seite, kann ihn noch im letzten Moment auf die Straße zurückreißen. Anscheinend hatte sich die Ratte, panisch vor Angst in sein Hosenbein geflüchtet. Ich konnte mich der Schadenfreude und des Lachens nicht enthalten. Sigi hält an, steigt aus, öffnet die Türen, doch von der Ratte keine Spur.

Langsam fährt er bis zur nächsten Tankstelle weiter. Dort gibt's auch eine *tschaikhana* und ich geselle mich zu den paar Tee trinkenden Lkw-Fahrern. Ich liebe diesen köstlichen heißen, schon mit Milch und Zucker gemischten indischen *tschai*. Neben mir steht ein dicker sympathisch aussehender Sikh mit rosarotem Turban, drückt mir etwas Fettgebackenes in die Hand und sagt freundlich *"eat that, than you become nice and strong like me"*! Dann geht er zu Sigi hinüber, der vor Ärger schon auf nüchternem Magen eine Zigarette raucht und mit den Fäusten gegen die Karosserie klopft. Da Sigi nicht englisch kann, erkläre ich dem Sikh grinsend, dass wir eine Ratte im Auto haben. Ich habe mich inzwischen beruhigt, bin sogar amüsiert, dass wir eine heilige Ratte im Auto haben, vielleicht ist sie ein gutes Omen für unsere Unternehmung. Wir lachen.

„Jetzt ist sie garantiert weg!", verkündet Sigi nun und trinkt hastig seinen Tee.

„Hast du sie gesehen?"

„Nein, aber ich hab alle Winkel untersucht. Im Auto kann sie nicht mehr sein."

„Schade, vielleicht hätte sie uns Glück gebracht."

Immerhin ist die Ratte in Indien ein heiliges Tier. Ganesch, der elefantenköpfige Gott, den besonders Schulkinder und Geschäftsleute verehren, weil er für Unternehmungen jeder Art gut ist, sitzt auf einer Ratte. Sie wird verehrt, weil sie zielstrebig ist. Es ist schon knapp vor Weihnachten und wenn es Hari nicht gelingt, die Scheinwerfer auszulösen und rechtzeitig nach Goa zu kommen, können wir dort die Mitternachtsmette nicht filmen. Meine Aufgabe ist es, mich dort gleich bei der Geistlichkeit um eine

Filmgenehmigung zu bemühen. In Indien kann uns eine Ratte als Reisebegleitung nur Glück bringen.

An diesem Abend finden wir eine gepflegtere Bleibe, ein sogenanntes Government Resthouse, in dem wir dank unserer Empfehlungsschreiben von der Filmbehörde zwei Zimmer mit Bad und sogar frischen Leintüchern bekommen. Am nächsten Morgen entdeckt Sigi Löcher auf der Gummimatte um Gashebel und der Kupplung und im Korb sind Kekse, Bananen und Äpfel angenagt. Die Ratte ist also noch da. Statt mit dem glückbringenden heiligen Tier weiterzufahren packt Sigi den Bus vollkommen aus, zerlegt sogar die Eberspacher-Zusatzheizung und lässt nichts im Wagen ununtersucht. Ich benütze die Gelegenheit, das Auto innen zu putzen und dann fahren wir zwei Stunden später als geplant weiter. Wir haben noch eine lange Fahrt vor uns.

Nun, nachdem er das Auto beinahe zerlegt hatte und die Ratte sich dabei aus dem Staub gemacht haben muss, regt sich der sonst eher wortkarge Sigi nun nicht mehr über die Ratte auf, sondern über die indischen Radfahrer, die er immer erst durch Hupen aufmerksam machen muss, dass sie auf die Seite fahren sollen. Denn auf diesen verkehrsarmen Straßen fahren sie auch zu viert nebeneinander, unterhalten sich dabei und erst auf unser Gehupe bequemen sie sich auszustellen.

Noch bei Tageslicht kommen wir in Goa an. In Panjim

finde ich auf Anhieb das Mandovi Hotel, in dem wir schon einmal gewohnt hatten. Wir bekommen zwei Zimmer mit Aussicht auf den Mandovi-Fluss, und richten uns häuslich ein. Der VW- Bus wird komplett ausgeladen, er steht auf der Straße neben dem Hotel geparkt. Weil ich sicher sein möchte, ob unsere Ratte nicht doch noch irgendwo im Auto versteckt ist, bringe ich eine Seifenschale voll Wasser und ein paar Kekse ins Auto. Sigi greift sich an den Kopf, er hält mich nicht für affen- sondern für rattenblöd. Am nächsten Tag waren die Kekse aufgefressen. Lachend überbringe ich ihm die Nachricht beim Frühstück, die Ratte bleibt uns treu und bringt uns sicher Glück!

Vormittag hatte ich mit den portugiesisch- und teilweise auch italienischsprechenden Padres wegen unserer Filmgenehmigung zu tun. Die Artikel und Fotos von unserem letzten Besuch vor sieben Jahren wirkten Wunder, jedwede Hilfe wird zugesagt. Als ich mittags ins Hotel zurückkomme, sehe ich eine Menschenmenge um den VW-Bus, die allzu Neugierigen werden von Sigi auf wienerisch verjagt, auf der Straße liegen die Reservewerkzeuge und Ersatzteile, Sigi ist dabei die Innenverkleidung abzuschrauben. Die Türen bleiben den ganzen Nachmittag offen und ein Diener vom Hotel muss den Bus bewachen.

Abends kommt Hari staubig, müde und überdreht von der anstrengenden Fahrt mit dem VW-Variant gerade noch rechtzeitig mit dem Scheinwerfer an. Er hat für die lange Strecke einen Tag weniger gebraucht als wir. Während er sich mit einem Whisky stärkt, erzähle ich ihm die Rattenstory.

„Wahrscheinlich verkriecht sich das arme Tier untertags und nachts kann es nicht weg, da nur das Schiebedach offen ist. Man muss ihm eine Brücke bauen!", sagt er und geht zum Bus hinaus, befestigt den Gürtel seines Bademantels zwischen der Rücklehne des Vordersitzes und dem halboffenen Autodach. Abends bringe ich wieder Futter und Wasser in den Bus, als Rattentest.

Am nächsten Morgen liegt unweit vom Transporter auf der Straße eine große plattgefahrene Ratte. Ich bin traurig, das war bestimmt unsere. Und ich hatte recht, in Zukunft blieben die Testbananen intakt.

Skorpione

Das ist mein Sternzeichen, deshalb interessieren mich diese Tiere besonders. Den ersten sah ich in Afghanistan. Auf dem Boden unseres Badezimmers, das nur einen Betonboden mit einem Loch als Klo hatte, bemerkte ich einen großen Skorpion. Zuerst erschrak ich, aber dann fiel mir ein, dass so ein Skorpion das ideale Mitbringsel für meinen naturgeschichtlich interessierten Vater wäre. Deshalb holte ich unsere Salatschüssel und stülpte sie über das Tier, so war es erst einmal gesichert.

Als Kinder haben wir oft am Walchsee Krebse mit der Hand gefangen und der Skorpion sieht im Vergleich zu einem Krebs harmlos aus, hat aber einen giftigen Stachel. Deshalb zog ich mir für die weitere Operation Haris Wildlederhandschuhe an und schob einen Karton langsam unter die Schüssel und bugsierte den Skorpion dann vorsichtig in ein mit Brennspiritus gefülltes Marmeladeglas. Doch er starb nicht, wie ich hoffte, sondern war nur besoffen und lebendig konserviert. Als er sich am nächsten Tag immer noch bewegte, ertrug ich den Todestanz dieses armen Tieres nicht mehr. Auf meine Bitte erschlug ihn unser *houseboy* dann mit einem Stein.

Bei den Vorbereitungen zu unserer zweiten Pamir Expedition im Jahr 1969 passierte in Kabul folgendes: Als ich – beide Hände voll mit Einkäufen – aus einem Laden herauskam und mich wartend an einen Stapel Kisten lehnte, stach mich etwas zweimal ganz schnell durch den dünnen Baumwollstoff meiner Hose in den Oberschenkel. Ein brennender Schmerz durchzuckte mich, ich hatte das Gefühl, eine Schlange hätte mich gebissen. „So ein Quatsch, hier gibt's keine Schlangen, mach kein solches Theater und reiß dich zusammen!", sagte mein Partner ungerührt von meinem Gejaule und ging noch in ein anderes Geschäft. Das höllische Brennen nahm mir fast die Sinne und als er zurückkam und das Auto aufsperrte, warf ich mich laut stöhnend auf den Sitz, riss die Hose auf und am Oberschenkel sah man zwei Einstiche, die rapid anschwellten. Nun war auch Hari alarmiert, saugte und spuckte, doch der belebte Basar war nicht der rechte Ort für diese Art erster Hilfe. Wir erregten schon unangenehmes Aufsehen, deshalb fuhr er mich schnell in unsere Mietwohnung zurück.

Beim Studium des Ärztebüchleins für die Tropen, kam er zum Schluss, dass es ein Skorpionstich sein könnte. Die Symptome stimmten überein. Skorpione haben zwei Giftdrüsen, würden deshalb meist zweimal hintereinander zustechen. Inzwischen war der Oberschenkel zu Fußballgröße angeschwollen und so prallhart, dass es ihm nicht gelang, die Stelle mit Impletol zu unterspritzen – die injiziere Flüssigkeit trat wieder aus. So versetzte er mir eine intravenöse Calciuminjektion und kontrollierte von Zeit zu Zeit meinen Puls. Mir war mulmig zumute, ich zwang mich, ruhig und tief durchzuatmen. „Auf meinen Grabstein kannst du ja schreiben: Im Zeichen des Skorpions geboren, durch einen Skorpionstich gestorben!", scherzte ich matt. „Engelchen, du wirst auch das überstehen."

Dass Skorpione zweimal schnell zustechen bestätigte uns auch der deutsche Presseattaché in Kabul, der mich besuchte. Ihm passierte dasselbe, als er einmal eine Bierkiste aus dem Keller holte.

Am nächsten Tag fühlte ich mich schon wesentlich besser, die Stelle war zwar noch geschwollen und juckte gewaltig, doch ich verspeiste zum Frühstück mit Appetit einen frischgebackenen knusprigen Brotfladen mit hartgekochten Eiern und Ölsardinen.

„Zwei Tage war der Frosch so krank, jetzt quakt er wieder – gottseidank", kommentierte Hari meine Wiederauferstehung und war heilfroh, dass sich unsere zweite Pamir-Expedition deshalb nicht mehr verschob.

Den dritten Skorpion fand ich zehn Jahre später in meinem Garten auf der Insel Elba. Er war nur halb so groß wie die afghanischen und ich fotografierte ihn neben einer Briefmarke, um seine die Größe besser erkenntlich zu machen.

Den vierten Skorpion suchte ich während einer Ägyptenreise im Jahr 2003. Wir befanden uns am

Ufer des Nasser-Stausees, in der Nähe des kleinen Tempels in El Dirr, als der Reiseführer uns warnte, ja keine Steine umzudrehen, da sich darunter gefährliche Springskorpione verstecken könnten. Da mich diese Tiere interessierten und ich seit dem Skorpionstich in Afghanistan wahrscheinlich dagegen immun war, suchte ich danach, fand aber keinen.

Der Wolf *Lupus Isegrim*

Die Wölfin im Bau ist hungrig, von den vier Jungen leben nur noch drei und die wimmern, als keine Milch mehr von Mutters Brust kommt. Sie verlässt die Höhle. Der Hunger und die Sorge um ihre Jungen treibt sie in die Nähe der Yurten, auch die Murmeltiere halten noch Winterschlaf. Im Mondlicht schleicht sie sich gegen den Wind auf dem Bauch näher und es gelingt ihr, ein Lamm zu fassen. Während sie mit der Beute wegrennt, hört sie noch das Blöken der Schafe, Hundegebell, Menschenstimmen und einen Schuss. Sie zerrt ihre Beute in die Nähe der Höhle. Ein zweiter Schuss, und sie fällt tot zur Seite.

Die hungrigen Wolfsbabys kuscheln sich zusammen, als jemand nach ihnen greift, der nicht ihre Mutter ist. Akbar erschlägt sie, denn Wölfe sind die Todfeinde eines Hirtenvolkes, sie werden das ganze Jahr über ohne Schonzeit gejagt. Doch eines steckt er aus Jux in seine Tasche. Die erlegte Wölfin am Strick hinter sich nachschleifend, reitet er in das Lager zurück. Die Kirgisen verwerten alles, den Kadaver der Wölfin als Hundefutter, das gerissene Lämmchen bekommen die Frauen zum Kochen und das Wolfsbaby wird an die Zitzen der Hirtenhündin gelegt, der man ihren Wurf vor zwei Tagen weggenommen hat. Sie, deren Aufgabe es ist, die Herden vor Wölfen zu beschützen, akzeptiert das Wolfsbaby, fühlt sich erleichtert, die angestaute Milch verursachte ihr Schmerzen. Und das Wolfsbaby weiß instinktiv, dass es nur an ihrer Seite Nahrung und Sicherheit gibt, folgt ihr, wenn sie mit den Herden auf die Weide geht und kommt abends, wenn die Schafe zum Melken zurück zum Yurtenlager getrieben werden, mit ihr zurück.

Als wir 1966 mit der Sondergenehmigung des Königs von Afghanistan, Zahir Schah, das erste Mal in den afghanischen Teil des Pamirs reiten durften, um einen Fernsehfilm über die dort lebenden Kirgisen zu machen, war ich erstaunt, ein struppiges Tierchen zu sehen, das die zugeworfenen Stückchen Käse so gierig verschlang. Ist das ein Fuchs? Nein ein junger Wolf, erfahre ich vom Kirgisen-Khan. Natürlich wollte ich mehr darüber wissen.

Der Khan war höchst erstaunt über mein Interesse an einem Wolfsjungen. „Gibt es denn keine Wölfe in Österreich?", fragt er. „Nein, die sind längst ausgerottet worden, bei uns werden Wölfe nur mehr im Zoo gehalten." Dass dieser kleine, etwa drei Monate alte Wolf hier auch nicht alt wird, gibt man uns mit entsprechenden Gesten zu verstehen. „Sobald er an ein Lämmchen geht, wird er getötet", übersetzt unser afghanischer Kameramann Asefi.

„Ach Hari, wir könnten das Wölfchen mit nach Österreich nehmen und ihn auf dem Grubhof halten", schlug ich vor. Hari war zuerst dagegen, aber meine

Idee, dieses Wölfchen auch in unseren Film einzubauen, fand er nicht schlecht. Er wollte wissen, ob es ein männliches oder weibliches Tier ist, denn nur ein weibliches ließe sich eventuell zähmen. Das wurde uns bestätigt. Am Tag unserer Abreise übergab uns der Kirgisenkhan das Wölfchen schon mit einem Halsband versehen und an einer Kette, er sagte, wir dürften es nicht frei lassen, sonst sei es weg. Wir packten den kleinen Wolf in den Ledersack, ich hielt ihn vor mir auf dem Yak mit dem Kopf im Freien.

Am ersten Tag reiten wir nur bis zum nahen Yurtenlager des Schwiegersohns vom Khan. Wir bekommen die Gastyurte, in der auch der afghanische Kameramann Asefi und der uns zu unserer Sicherheit von den afghanischen Behörden aufgedrängte Soldat schlafen. Das Wölfchen pflocken wir vor der Yurte an. Nachts wachen wir durch sein klägliches Geheul auf. Hari holt es in die Yurte und es kuschelt sich ganz zutraulich zwischen unsere Schlafsäcke. Am Morgen knabbert es am Schuh des Soldaten und schleckt gierig die zu einem Brei verrührte Trockenmilch auf, diesen lästigen Proviant, den wir dummerweise mitgenommen haben, nicht ahnend, dass es hier überall frische Yak- und Schafmilch gibt. Als Hari den kleinen Wolf in den Ledersack packen wollte, war er weniger zutraulich.

Heute haben wir einen langen Ritt vor uns und während des Reitens halte ich ihn vor mir. Das Wölfchen betrachtet die Landschaft, lässt sich sogar auf den Kopf küssen, und schmiegt sich dabei an meinen Schafspelz. Bei der kurzen Mittagsrast versuche ich, ihn kurz spazieren zu führen, doch ich muss ihn zerren. Nachmittags übernimmt Hari den kleinen Wolf und sieht aus wie ein Vater, der ein Baby im Steckkissen trägt.

Abends erreichen wir das Yurtenlager von Mohammed Turdó, wo wir schon bei der Anreise übernachteten. Die Leute verstehen nicht, dass wir so ein Tier mitnehmen. Asefi sagt, der Kirgisenfürst hätte sich einen üblen Scherz erlaubt, uns den Wolf mitzugeben und Mohammed Turdó erzählt, dass in letzter Zeit Wölfe drei seiner Yakkälber gerissen hätten. Und wir machen eine Entdeckung. Das Wölfchen ist kein

weibliches Tier, wie man uns versichert hatte. Spaß-
halber nenne ich ihn nun Lupus Isegrim Pamir Khan.

Was für eine Nacht hat uns Lupi beschert! Gegen
Mitternacht wurde er unruhig. Während ich ihn fest-
hielt, zog sich Hari im Dunkeln die Stiefel an, um
Asefi nicht zu wecken, denn dem afghanischen Kameramann geht unser Getue mit dem Wolf schon auf
die Nerven, nur lässt er sich nichts anmerken, sein
mongolisches Gesicht verrät keine Gemütsbewegung.
Nach einer Weile kommt Hari mit dem Wölfchen
zurück, das nichts gemacht hat. Ich halte es mit sanf-
ter Gewalt zwischen unseren Schlafsäcken, als ein
entsetzlicher Gestank entsteht. Er hat Durchfall,
wahrscheinlich von der Trockenmilch, die wir ihm
verfüttert hatten. Hari tappt nun doch nach Zündhöl-
zern für die Petroleumlampe und ich gehe zweimal
zum Bach. Zuerst um den Pustin und den Schlafsack
notdürftig zu reinigen, dann bringe ich Lupi hinaus
und tauche sein beschmutztes Hinterteil dezidiert
ins Wasser. Danach sind meine Hände total gefühllos.
Yaks kommen mit gesenkten Hörnern auf uns zu, in
der mondhellen Schneenacht im August sehen sie
wie sagenhafte Urzeittiere aus, wahrscheinlich wit-
tern sie den Wolf. Mit Steinwürfen kann ich sie vertreiben. Den Rest der Nacht verbringe ich auf dem
trockenen Teil des Schlafsacks liegend, Hari deckt
noch seinen Steppmantel über mich, hier auf 4.000
Meter Höhe ist es eiskalt.

Als frühmorgens die Frau des Yurtenbesitzers

kommt und mit einem Bartwisch aus Adlerfedern den Feuerplatz in der Mitte der Yurte zusammenkehrt, bindet Hari das Wölfchen vor der Yurte fest. Sie entfacht das Feuer, stellt Teewasser auf und betet auf einem Schaffell, genau wie die Männer, mit Verbeugen, Aufstehen und Niederknien. Wir müssen den nassen Daunenschlafsack und meinen Mantel vor dem Weiterritt irgendwie sauber und trocken kriegen. Deshalb verabreicht Hari Mohammed Turdó ein Geldgeschenk und dieser überlässt uns seine Yurte für einen weiteren Tag.

Lupi schläft wieder. Wenn er so ruhig daliegt mit seinem dicken Bäuchlein und den im Verhältnis zum Körper schon viel zu großen Pfoten ist er zum Anbeißen lieb. Die zwei Falten unter den schrägen Augen unterstreichen das Wölfische. Wenn ihm was nicht passt, zieht er die Lefzen kraus, entblößt seine Milchzähne und knurrt.

Allen Widrigkeiten zum Trotz liebe ich dieses Wölfchen von Tag zu Tag mehr. Wenn er mich dann im Zelt mit seinen bernsteinfarbenen Augen so vertrauensvoll ansieht, kommt mir die Verantwortung, die ich mir da aufgehalst habe, erst richtig zum Bewusstsein. Es dauert noch etwa acht Tage, bis wir nach Qala-i-Panj kommen, wo unser VW-Bus steht. Nach einem langen Tagesritt kann ich noch so müde sein, doch für Lupi raffe ich mich immer auf, führe ihn am Strick ins Gelände, um ihm Bewegung zu verschaffen. Ehrlich gesagt, führt er mich, ich renne hinter ihm

her und muss ihn meist mühsam zum Lager zurück-
zerren.

Von Qala-i-Panja setzen wir die Rückreise mit dem
dort aufgebockten VW-Bus fort. *„Börö charab ast,
börö chub nisd"* – der Wolf ist böse – sagen die Afghanen immer wieder, wenn sie den kleinen Wolf im
Auto entdecken. Gestenreich wird uns kundgetan,
dass das struppige Wölfchen, das eben dabei ist, ein
Loch in die Wassermelone hineinzufressen, eines
Tages auch uns fressen würde. Erfahrungsgemäß
könnten sie rechthaben, denn hungrige Wölfe kommen in Afghanistan in strengen Wintern bis in die
Nähe menschlicher Siedlungen. Die Geschichte vom
Verkehrspolizisten, den Wölfe an einem Winterabend
in der verkehrsarmen Chaussee in Kabul vom Podest

geholt haben, hat W. Krause in seinem Buch „Wenn es zwölf schlägt in Kabul" verewigt.

Im eher schäbigen Ariana-Hotel, das in den sechziger Jahren hauptsächlich von Bergsteigergruppen frequentiert wurde, hat man gegen den vierbeinigen Gast nichts einzuwenden. Endlich kann Lupi im großen Zimmer frei herumlaufen. Schon in der ersten Nacht versucht er, durchs Fliegengitter zu entkommen. Wir besorgen eine Leine, mit der er sich allerdings nicht anfreunden will. Wenn ich ihn in den verwahrlosten Park unseres Hotels führe, verkriecht er sich Deckung suchend hinter Büschen oder sucht die Gesellschaft der herrenlosen Jui-Hunde, die dort tagsüber schlafen. Einen jungen Jui-Hund, der nicht so heruntergekommen aussieht wie die anderen, schmuggle ich ab und zu als Spielgefährten für das Wölfchen in unser Hotelzimmer. Wegen des Futters kommt er gern mit.

Lupi den notwendigen Auslauf zu verschaffen, ist vorerst meine größte Sorge, deshalb nehmen wir ihn auch zur Essenseinladung des deutschen Botschafters mit. Dessen Residenz und Garten ist von einer Mauer umgeben, dort kann er dann frei herumlaufen. Um etwaigen Fluchtversuchen vorzubeugen, wird ein Diener beauftragt die Wasserablaufrinnen zu verstopfen. Nach dem Aperitif sagt der Botschafter, neugierig auf den jungen Pamirwolf, zu Lechenperg: „Jetzt holen Sie doch Ihren Isegrim!"

Hari geht zum VW-Bus raus, die Tür ist offen vor und Lupi weg. Der Griff des vorderen Türhebels weist deutliche Spuren seiner scharfen Milchzähne auf. „Den finden Sie nie wieder", sagte der Botschafter, *„the call of the wild* – der ist längst zu den Bergen enteilt."

Trotzdem fahren wir lange durch das nächtliche Kabul, denn intuitiv spüre ich, dass er nicht weit weg sein kann. Obwohl ich ihn unterwegs manchmal zum Teufel gewünscht habe, mache ich mir jetzt Sorgen, dass er später an seinem kräftigen neuen Lederhalsband ersticken könnte. Vom Dach der Welt haben wir ihn unter größten Mühen bis Kabul geschleppt, nun wollen wir ihn auch nach Österreich bringen. Deshalb geben wir eine Anzeige in der Kabul Times auf, Dort steht mit dem Versprechen eines ansehnlichen Finderlohns „Junger Wolf mit Lederhalsband entlaufen".

Ein Anruf: *„Are you the owner of the lost wolf?"* Wir erfahren, dass der Chauffeur britischen Botschaft das Wölfchen im Fruchtbasar beim Traubenstehlen bemerkte, die dort am Boden zum Verkauf ausgebreitet lagen. Sofort schloss dieser pfiffige Mann, dass ein junger Wolf mit einem neuen Lederhalsband nur einem *farangi*, einem Fremden, gehören könnte und fing ihn ein, nicht ohne sich dabei einige Bisswunden einzuhandeln.

Mit dem wiedergefundenen Tier wollen wir kein

Risiko mehr eingehen, deshalb fliege ich mit der Ariana Airlines und dem Wolf im Hundekäfig über Moskau nach Wien.

In Moskau erwartet uns eine Hostess, denn der Anschlussflug nach Wien geht erst zwei Tage später, die Übernachtungen sind im Flugpreis inbegriffen. Den Käfig mit dem Wölfchen brachte man in einen Hangar. Am nächsten Tag wechsle ich zu einem halsabschneiderischen Kurs Dollars, besorge für Lupi Fleisch und nehme ein Taxi zum 40 km entfernten Flugplatz Scheremetjewo.

Dort gibt mir eine mürrische Beamtin zu verstehen, dass mein Wölfchen inzwischen nach Leningrad geschickt worden sei. Da versagen meine Nerven, ich heule. Die vorher so sture Frau ist daraufhin wie ausgewechselt, sie bringt Tee und holt eine sprachkundige Kollegin, die Leningrad anrief und mir erklärte, dass der Wolf bereits auf dem Weg nach Wien wäre. Auf meine Bitte schickt man noch ein erklärendes Telegramm hinterher.

In Moskau lasse ich mich vom Taxifahrer gleich zum Kartenverkauf des Bolschoi-Theaters bringen, ich will unbedingt das weltbekannte Ballett sehen. Leider gibt es keine Karten, denn an diesem Abend findet eine geschlossene Vorstellung für den österreichischen Staatsbesuch mit Außenminister Prader statt. So sehe ich vom Taxifenster nur noch die Zwiebeltürme des Kremls, ehe ich mich im Hotel ins Bett fallen lasse. Für den Weiterflug nach Wien am nächsten Tag wird man schon um fünf Uhr früh geweckt.

Am Flughafen gibt es wieder Probleme. Diesmal wegen meines Tickets, das nicht bestätigt worden war. Der Flug nach Wien sei komplett ausgebucht, für mich gäbe es keinen Platz mehr. Vielleicht hätten wieder Tränen genützt, doch mir kam nur Wut hoch.

In der Abflughalle höre ich wienerische Stimmen. Das könnten doch die Leute vom Staatsbesuch sein, denke ich, und bingo! sie waren's. Ungeniert spreche ich die Herren an, erkläre mein Problem und werde sofort eingeladen, mit ihnen nach Wien zu fliegen. An Bord der AUA erzählt mir einer der Politiker, dass ein Wolf nur mit Genehmigung des Landwirtschaftsministeriums eingeführt werden darf. Auf jeden Fall beriet man dann, wie man mir helfen könnte und in Wien ging dann alles problemlos. Eine Speditionsfirma bringt den Käfig zum Westbahnhof.

Meine Eltern habe ich per Telegramm über meine Ankunft mit dem Wölfchen informiert. Sie holen mich am Bahnhof in St. Johann ab. Auf dem kurzen Heimweg zerrt Lupi an der Leine, sucht Deckung hinter Büschen, findet eine weggeworfene Wurstsemmel. Im Haus wird er von Mutters Bedlington-Terrier-Hündin angefeindet. Er will nur spielen, wirft sich vor ihr auf den Rücken, doch Tuzza beißt ihn in die Ohren, wehrt seine Annäherungsversuche ab.

Ich bringe ihn dann nach Kitzbühel, auf Haris Bauernhof. Dort merken es selbst die Kühe, dass Lupi kein Hund ist. Sie unterbrechen das Weiden und schauen lange Zeit misstrauisch über den Gartenzaun, was sie sonst bei Hunden nie tun. Als Lupi einmal mit einem Huhn, das er sich geschnappt hatte, über die Wiese das Weite suchen will, stellen sie sich ihm mit gesenkten Hörnern entgegen. Vor Schreck lässt er seine Beute fallen und kommt in die Sicherheit des Gartens zurück, während das Federvieh noch gackernd davonflattert.

Ich kann ihn nicht mehr unbeaufsichtigt lassen. Deshalb bitte ich Haris Pächter zwei durch ein Drahtseil verbundene Pfähle aufzustellen, damit er in diesem Bereich an einer langen Kette hin- und herlaufen kann. Abends bringe ich ihn ins Haus. Dort beobachtet er von seinem Lieblingsversteck unter der gotischen Truhe alles, wenn ich kurz in der Küche bin, macht er Blitzangriffe auf den gedeckten Tisch. Erwischt er ein Kissen, schüttelt er es, bis die Federn fliegen und es aussieht, als ob Frau Holle zu Gast gewesen wäre.

Seinem Wolfsgeheul kann ich nie widerstehen. Diesen Klagelaut empfinde ich als eine stimmlich ausgedrückte Sehnsucht nach seiner Heimat, dem Dach der Welt.

Dann unterbreche ich meine Tätigkeit im Haus, um mit ihm an der langen Kette auf den abgenähten Wiesen herumzulaufen.

Zum Glück war meine Mutter mit ihrer Hündin da, als er einmal sein ledernes Brustgeschirr durchgebissen und das Weite gesucht hat. Der Bauer bemerkte ihn oben am Waldrand. Ich näherte mich mit Tuzza auf Sichtweite, lief wie ein Hase auf der Flucht zick-zack hin und her. Solchem Tun konnte er nicht widerstehen. Neugierig kam er näher, spielte mit, passte jedoch auf, um nicht von mir ergriffen zu werden. Irgendwann kam dann doch der Moment, wo er so nahe kam, dass ich ihn am Nacken erwischte. Anstandslos ließ er sich daraufhin zurücktragen, die Rangordnung war wieder hergestellt, ich wurde als Alpha-Tier akzeptiert.

Die ursprüngliche Vorstellung, diesen Wolf wie einen Hund halten zu können, war ausgesprochen naiv.

Lupi, der inzwischen schon sechsundzwanzig Kilo wiegt, soll mit Wölfen spielen können. Der Zoo in Hellbrunn hat großes Freigehege für Wölfe. Dort wäre er gut untergebracht. Doch man hatte Bedenken, dass die Wölfe einen Rudelfremden nicht akzeptieren, ihn womöglich töten würden.

Inzwischen ist Lechenperg von Afghanistan zurückgekommen und hat sich mit Dr. Konrad Lorenz in Verbindung gesetzt, der ihm riet, das Experiment fortzuführen. Doch bald merkte auch Hari, dass der Wolf nie wie ein Hund werden würde und es eine Quälerei sei, ihn allein in einem Zwinger halten zu wollen.

Es muss endlich eine zufriedenstellende Lösung gefunden werden. Wir fahren nach München und um etwas Luft zu haben, können wir Lupi für ein paar Tage in einem Privatzoo bei Rosenheim unterbringen. Hari kennt den Leiter vom Kölner Zoo. Auch mit dem schwedischen Verhaltensforscher Erik Zimen, der in Norddeutschland mit einem Wolfsrudel arbeitet, wollte er Kontakt aufnehmen, um für Lupi einen Platz mit Artgenossen zu finden.

Doch am Tag darauf kommt ein Anruf – „Der Wolf ist entkommen!" Wie konnte das geschehen? Man erklärt mir, dass er sich ein Loch unter das Gitter gegraben hätte, und seine im Neuschnee gut erkennbare Spur in den Wald führt. Sofort fahre ich nach Stephanskirchen, informiere die Jäger und bitte sie, den

Wolf nicht abzuschießen Den Journalisten von der Rosenheimer Zeitung erzähle ich, dass der entkommene Wolf ein ungefährliches Tier sei, vor dem sich niemand zu fürchten braucht.

Auf den Zeitungsartikel hin gingen laufend Meldungen ein, jeder streunende Hund wurde plötzlich für einen Wolf gehalten. Wenn die Leute aber erzählten, dass er Deckung suchend dahinschlich, dann stimmte die Meldung höchstwahrscheinlich. Um ihn zu finden und fangen zu können, habe ich auch Fleischköder mit Librium ausgelegt. Es gab auch Schadensforderungen für fehlendes Geflügel. Nach zweiwöchiger vergeblicher Suche gebe ich im November 1966 auf.

Im Frühling darauf erhalte ich einen Telefonanruf von der Rosenheimer Zeitung: „Sind Sie die Frau vom Wolf?" Es ist der Reporter, der im Herbst über den entlaufenen Wolf berichtet hatte und mir nun erzählt, dass ein in Bayern stationierter G.I. gemeldet hat, dass er nachts im Scheinwerferlicht ohne Zweifel einen hageren Wolf am Straßenrand gesehen hätte. Das kann zu dieser Zeit nur Lupi gewesen sein und zu wissen, dass der scheue kräftige Jungwolf vom Pamir es geschafft hat, den Winter in Bayern in Freiheit allein zu überleben, war – alles in Betracht ziehend – keine schlechte Nachricht.

LUPUS ISEGRIM PAMIR KHAN

Der Sturmwind bläst auf dem Dach der Welt, wir verlassen ungern das gastliche Zelt.

„Dies zum Abschied", sagt der Fürst der Kirgisen, „doch bitte mit Vorsicht genießen!"

Und er hebt auf meinen Yak, das knurrende Wölfchen im Rupfensack.

Wir nennen ihn Lupus Isegrim Pamir Khan und reiten mit ihm durch den wilden Wakhan.

Als die Sonne tiefer stand, der Fürstensohn Akbar die Wolfsbrut fand.

Einen nahm er mit und vertilgte den Rest, um zu schützen die Herden vor dieser Pest.

Unser Wölfchen war erst ein paar Monate alt, dass er kein Hund ist, merkte ich bald.

Er fletschte die Zähne wie eine Hyäne, einmal biss er sogar dem Yak in die Mähne.

Zerfetzte Hosen, zerbissene Hände, hoffentlich hat dieser Ritt bald ein Ende.

Nach einigen Tagen werden die Yaks liquidiert, wir haben die Pamirkette passiert.

Es geht weiter mit Pferden.

Ohne Pelze, es ist tagsüber warm.

Bei jeder Gangart außer Schritt beißt mich Lupi in den Arm.

Dann schaut er mich mit seinen bernsteinfarbenen Augen an.

Und ich verzeih ihm alles, auf diesem Ritt durch den Wakhan.

Den Versuch diesen kleinen Wolf zu zähmen lass ich mir nicht nehmen.

In Qala-i-Panj steht unser VW-Bus. Wir reisen nach Kabul bei 40 Grad Celsius.

Wo immer wir tanken oder machen Station, ist Lupi der Wolf eine Sensation.

Die Afghanen sagen ‚*Börö charab ass*‘ – ‚Der Wolf ist böse‘ heißt das.

Lupus Isegrim Pamir Kahn, wer weiß, was die Zukunft bringen kann.

Im Ariana Hotel will uns niemand beim Auspacken helfen, überall hat man Angst vor Wölfen.

Wir nehmen ein großes Zimmer mit Bad, damit Lupi endlich etwas Auslauf hat.

Das nützt er aus. Erfüllt von Spieltrieb schnappt er nach meinen Röcken und Waden bis mir nur die Flucht verblieb.

Oder er zieht aus Polstermöbeln Rosshaar heraus und springt durchs Fliegengitter auf die Terrasse hinaus.

Lupus Isegrim Pamir Kahn, oh Gott, was stellst du als nächstes an?

Einladung in der Deutschen Botschaft. Lupi wartet im Bus allein.

„Ach, das liebe Wölfchen ist im Auto, bringen Sie es doch herein.

Der Garten ist ummauert, da kann er nicht aus!" Erfreut über diese Nachricht eilt Hari hinaus.

Die Bustür ist offen, Lupi ist weg und die Klinke hat Spuren von Bissen.

Mein Gott, wie werde ich ihn vermissen!

Lupus Isegrim Pamir Khan, ob man dich je wieder finden kann?

„Unmöglich, der ist zu den Bergen enteilt, lesen Sie Jack London *'The call of the wild'*."

„Ihr Wolf ist weg, entlaufen – man findet auch keine Stecknadel im Heuhaufen."

Die Kabul Times schreibt: „Junger Wolf mit Lederhalsband enteilt."

Für Fund desselben oder nützliche Information, bietet man 2.000 Afghanis Finderlohn.

Sogar ein Minister wird bemüht, damit er die Genehmigung für eine Radiodurchsage gibt.

Ein Telefonanruf von der British Embassy:

„I suppose you lost your wolf Sir, right now he is in the garden here.

Our driver found him by hazard,

stealing grapes in the fruit-basaar".

Wir können's kaum glauben, doch es ist wahr.

Lupus Isegrim Pamir Kahn, wohin doch Gefräßigkeit führen kann!

Lupi ist verändert. Er hat Fieber und so bringen wir ihn zur Untersuchung in den Kabul-Zoo.

Doch den Versuch, ihn zu zähmen, lass ich mir nicht nehmen.

Lupus Isegrim Pamir Khan fliegt mit mir raus aus Afghanistan.

Meine Eltern, glücklich, mich nach Monaten wiederzusehen, sagen gleich:

„Ein Wölfchen ist kein Problem.

Mutters Hündin Tuzza ist wie von Sinnen.

Das große Karl-Haus, bisher ihr Revier, ist plötzlich auch Wolfsquartier.

Lupi hat nur Spielen im Sinn, legt sich vor ihr auf den Rücken hin.

Doch Tuzza lehnt ihn ab und ich hab das Gefühl er ist besser aufgehoben auf Haris Bauernhof in Kitzbühl.

Er will nicht immer angehängt sein,

fühlt sich nicht glücklich so allein. Deshalb spiel ich mit ihm auf den Wiesen, dies tat er sichtlich genießen.

Hari kommt zurück aus Afghanistan und meint, Lupi ist inzwischen zahm.

Doch es gibt einen Grund, ein Wolf wird zu keinem Hund.

Er soll leben und spielen mit seinesgleichen, wir bemühen Gott und die Welt um das zu erreichen.

Der Yak *Bos grunniens*

Als wir im afghanischen Pamir Fernsehfilme auf dem sogenannten „Dach der Welt" machten, kam ich erstmalig mit Yaks, auch Grunzochsen, und von den Kirgisen Chaschgaus genannt, in Berührung.

Diese Tiere wurden durch ihre langhaarigen Schwänze bekannt, welche nicht nur die Standarten der Mongolen zierten. Hindupriester benützen sie bei Zeremonien und wenn Maharadschas auf Elefanten ausritten, saß hinter ihnen meist ein Bediensteter, der mit einem weißen Yakschwanz Fliegen wegwedelte. Die weißen waren die begehrtesten.

Wir benützten die Yaks als Reittiere, um den Höhenunterschied vom 3.000 Meter hoch gelegenem Wakhan zu den Hochebenen des Pamirs auf 4.000 Meter zu bewältigen. Yaks sind in diesem Gelände trittsicherer als Pferde. Auf meinen Jakob, wie ich ihn nannte, saß ich auf einem Holzsattel, die Füße steckten in Steigbügeln aus Steinbockhörnern geschnitzt, und statt ein Zaumzeug, wie Pferde es haben, hatte er durch die Nasenscheidewand einen Strick, an dem ihn sein Treiber führte. Wir mussten einen fast 5.000 Meter hohen Pass überqueren.

Wenn es steil bergauf ging, hielt ich mich am Nackenschopf an, um nicht aus dem Sattel zu rutschen, ging es über Schotterhalden bergab, griff ich zum Schwanz. Beim Aufstieg schnaubten die Yaks derartig laut, vielleicht nennt man sie deshalb Grunzochsen. Wenn sie rasten wollen, bleiben sie einfach stehen. Durch langes eintöniges Pfeifen und Stockschläge werden sie dann zum Weitergehen animiert.

Zuerst ging es über blühende Hänge mit Hochgebirgs-Flora, auch Edelweiß. Ich stieg ab und pflückte einige für meine improvisierte Blumenpresse. Erst beim Gehen litt ich unter der Höhe, atmete wie eine Lokomotive. Je höher wir kamen, umso mehr prächtige Eisriesen der Hindukusch-Kette sahen wir auf der gegenüberliegenden Seite.

Passabwärts kamen wir an vielen Murmeltierhöhlen vorbei. Bei Flussdurchquerungen setzten sich auch die Treiber auf die Packpferde und hatten Mühe, unsere Yaks am Strick hinter sich herzuziehen, denn die liebten das Wasser, drehten sich hin und her und bespritzten uns mit ihren buschigen Schwänzen.

Für die Kirgisen sind die gezähmten Yaks nützliche Haustiere. Die männlichen sind fast alle kastriert und praktisch kostenlose Lasttiere, denn sie weiden das ganze Jahr über, ernähren sich auch im Winter selbst, scharren den Schnee beiseite, um noch etwas Gras zu finden. Die weiblichen Tiere können nur im Sommer gemolken werden und aus der Milch bereiten die Frauen der Kirgisen Käse, Butter und den so köstlich schmeckenden Joghurt.

Das Yak-Fleisch schmeckt ähnlich wie Rindfleisch. Aus den Schwanzhaaren der Yaks drehen die Kirgisinnen Stricke, kurzum alles von diesen Tieren wird verwertetet.

Die Kirgisin kocht Yak-Milch

Nur einmal sah ich einen Yak-Stier. Dieses zottige Tier kam aggressiv zu den zum Melken zusammengetriebenen weiblichen Yaks angetrabt und wurde sofort mit Steinwürfen verjagt.

Der schwedische Asienforscher Sven Hedin schrieb über die wilden Yaks: „Genügte der Schnee der Täler nicht, so legten sie sich in kühle Bäche und ließen das Wasser der Schneefelder und Gletscher über den Leib und die Haarfransen spülen. So konnten sie stundenlang wiederkäuend daliegen. Wenn auch das Wasser ihnen zu lau vorkam, zogen sie über die Schneegrenze hinauf und vergruben sich, so gut sie konnten, in den Schneewehen."

Brahmini Kite, Affen und Kobras.

Mit dem VW-Bus und dem Variant waren wir drei, der Kameramann Sigi, Hari und ich unterwegs in Südindien. Beim Fahren wechselten wir uns ab, diesmal chauffierte ich den Variant und fuhr hinter den beiden Männern im VW-Bus. Plötzlich musste ich bremsen, als Lausbuben irgendetwas an einer Schnur auf die Straße warfen und es schnell wieder weggezogen, ehe ich drüberfuhr. Es sah aus wie ein Vogel. Ich bemerkte im Rückspiegel, dass dasselbe Spiel beim nachfolgenden Auto wiederholt wurde. Nun stoppte ich auf der Bankette, rannte zurück, schrie wie eine Furie und nahm den Buben kurzerhand den halbtoten Vogel ab. Es war ein kleiner Greifvogel mit einem abgebrochenen Flügel, aus dem offenem Schnabel hing seine trockene graue Zunge. Im Auto setzte ich ihn am Boden des Beifahrersitzes auf ein nasses Handtuch. Damit er nicht umfiel fuhr ich vorsichtig.

Die indischen Lastwagenfahrer legen statt Warn-Dreiecken immer zwei, drei große Steine auf die Straße, und wenn sie weiterfahren, sind sie meist zu faul, sie wieder wegzuräumen. Als ich so einen Stein sah, wollte ich dem Vogel ein schnelles Ausweichmanöver ersparen, und fuhr einfach über den Stein, hoffend, dass der Variant hoch genug ist. Leider nicht, ein Krach und die Ölwanne war aufgerissen.

Als meine Begleiter merkten, dass ich nicht nachkam, fuhren sie zurück. Hari sah das auslaufende Öl und schimpfte über meine Nachlässigkeit, doch als ich ihm den habichtartigen verletzten Vogel zeigte und erzählte, wie ich ihn gefunden hatte, und dass ich wegen ihm kein Ausweichmanöver gemacht hatte, war alles verziehen. Sie schleppten mich bis zu einer Werkstatt im nächsten Ort, wo man uns versprach die Ölwanne bis zum nächsten Tag zu richten.

Ich flößte dem Vogel mit dem Teelöffel etwas Wasser in den Schnabel, dabei flatterte er mit dem gesunden Flügel auf und ab. Dann hielt ihn Hari, damit ich mit einem nassen Tuch vorsichtig die schmutzigen Federn abwischen und seine Krallen reinigen konnte. Zu guter Letzt setzen wir ihn in eine Plastikschüssel, die etwa zwei Zentimeter mit Wasser gefüllt war.

Wir suchten einen Fleischer, um etwas Futter für den Vogel zu erstehen. Man sagte, es gäbe hier kein Fleisch zu kaufen, alle seien Vegetarier. Wir fanden eine primitive Bleibe und zum Essen bekamen auch wir nur extrem scharf gewürzte vegetarische Kost. Sigi sagte danach: „Wenn ich mir jetzt die Zigarette verkehrt in den Mund stecken würde, tät ich es nicht mal merken."

Danach verabreichte ich dem Vogel mit dem Teelöffel wieder etwas Wasser und ließ ihn über Nacht im Auto. Am nächsten Morgen war er nicht etwa tot wie befürchtet, sondern viel munterer. Er saß nun mit geschlossenem Schnabel auf der Lehne des Sitzes, seine Zunge war offenbar wieder rosig. Die Ölwanne war auch repariert, und so fuhren wir mit beiden Autos weiter bis Bangalore, wo es auch eine Tierklinik geben sollte.

Dort konnte ich ihn atzen, und wir erfuhren, dass es ein Brahmini-Kite sei, übersetzt ist *kite* auch ein Papierdrache, doch der kleine Raubvogel war ein Milan. Man könne nichts machen, denn er würde vor Schreck sterben, behauptete der indische Tierarzt, er machte uns Hoffnung, dass der Flügel mit viel Glück von selbst wieder anwachsen würde.

So erstand ich am Markt einen großen Bambuskäfig und ein Schweineherz, im Hotel ließ ich mir Eiswürfel geben, damit das Fleisch bei dieser Hitze einige Zeit frisch bleibt. Es gelang mir auch, ihn mithilfe einer Pinzette zu atzen, er schluckte gierig winzige Stückchen vom Herz.

Unser Ziel war Nandi-Hill, ein mächtiger Granitkegel, der sich unweit von Bangalore in der Form eines liegenden Stiers aus der Ebene erhebt. Der Stier Nandi ist das Reittier des Gottes Schiwa und danach ist diese ehemalige *hillstation* der Kolonialherren auf etwa 1.000 Meter Höhe benannt. Für unseren Film „Die Nacht des Schiwa" wollen wir dort oben einen berühmten Hindu-Tempel filmen, in dem sein riesiger aus Stein gehauener Penis verehrt wird.

Als wir über eine kurvenreiche Straße hinauffuhren,

wurde es schon merklich kühler. In Nandi Hill mieteten wir einen Bungalow mit einer Terrasse. Ein Diener brachte unser Gepäck in den Bungalow, ich stellte den Picknickkorb und meine Beautybox hinein. Hari und der Kameramann waren im Empfang und füllten Dokumente aus, ich holte noch den Vogelkäfig, den ich auf der vergitterten Terrasse abstellte. Da sah ich, wie zwei Affen im Schlafzimmer des Bungalows den Picknickkorb öffnen wollten, und mir wurde schlagartig der Sinn des Terrassengitters klar, dessen Tür ich nichtsahnend offengelassen hatte. Draußen saß einer mit meiner *supersize* Nivea-Dose schon auf einem Baum. Mit gutem Zureden und etlichen Bananen gelang es mir, sie zurückzubekommen.

Die ersten Makaken sah ich vor einigen Jahren in Afghanistan. Damals fuhren wir im Jeep auf einer unbefestigten Straße entlang des Kunar-Flusses nach Nuristan. In dieser abgelegenen Gegend begegnete uns kein Auto mehr, nur Rebhühner flatterten aufgeregt herum, es war die Zeit des Federwechsels. Am Ufer standen Nussbäume, um die sich Weinreben wie Riesenschlangen emporwanden, und auf denen Affen herumturnten. Diese Makaken kamen zum Trinken, hüpften ganz in unserer Nähe ans Ufer. Plötzlich knallte ein Schuss und ein toter Affe fiel vom Baum. Der Schuldige war der uns zu unserer Sicherheit aufgedrängte Begleitsoldat. Ob der uns vor Affen beschützen muss, fragten wir empört. Es gäbe ohnehin zu viele, sagte er zu seiner Entschuldigung, er wollte uns mit dem toten Affen nur eine Freude bereiten.

Hier erregt nicht nur unser Brahmini-kite, den ich nach dem Atzen auf den Kleiderständer unserer vergitterten Terrasse setzte, Aufmerksamkeit, sondern auch wir. Wo immer wir was besorgen, will man wissen, woher wir kommen. Meistens wird Austria mit Australien verwechselt, aber als uns hier ein sympathischer Inder danach fragte und dann sagte *„oh from Vienna"* waren wir freudig überrascht. Dieser Arzt erzählt uns, dass er eine Pockenimpfaktion durchführen muss, doch es sei schwierig, die Leute davon zu überzeugen. Weil man uns in Goa immer vor Kobras gewarnt hat, befrage ich ihn zum Thema Schlangen und wir erfahren Interessantes. Eine Kobra mit aufgeblähtem Hals ist nicht gefährlich, sie will nur abschrecken, nicht angreifen. Zubeißen kann sie nur, wenn der Hals nicht aufgebläht ist. Ihre Opfer sind meist Reisbauern. Die würden sich meist selbst helfen, indem sie sofort den Popo einer Henne oder eines Hahns auf die Bissstelle legen, weil dieser immer eine sich öffnende und sich schließende Bewegung macht und dadurch das Gift herauspumpt.

Als ich ihm den Brahmini-Kite zeigte, sagte er, dass der herunterhängende Flügel nie wieder anwachsen könne, da die Bruchstelle total vertrocknet sei. Hari erschoss ihn mit später mit seinem Revolver.

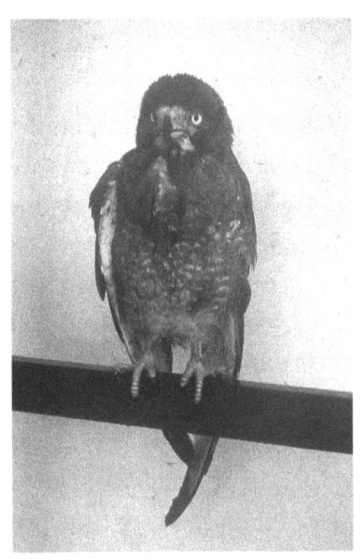

Löwen *Leo persica*

In der Vorstellung der meisten Menschen gehört der Löwe zu Afrika und der Tiger zu Indien. Im Gegensatz zum Tiger ist der Löwe in Asien fast gänzlich von der Bildfläche verschwunden. Vor etwa 2.000 Jahren war der *leo persica*, so sein lateinischer Name, nicht nur in Indien, sondern ganz Zentralasien heimisch. Auf Indiens Staatswappen, der Ashoka Säule, sitzen vier Löwen Rücken an Rücken. Der Löwe bewohnt gern offene Gebiete, der Tiger zieht dichten Dschungel vor.

Bei unserem Filmarbeiten Ende der sechziger Jahre besuchten wir die letzten Löwen Indiens in ihrem

Schutzgebiet, dem nordwestlich von Bombay gelegenen Ghir-Forest. Vom kanadischen Löwenforscher Paul Joslin, der damals untersuchte, warum die Löwenpopulation im Schutzgebiet so drastisch zurückgeht, erfuhren wir, dass es nur mehr einhundertsechzig indische Löwen gäbe. Er erzählte uns auch die erstaunlichsten Dinge. Nicht nur, dass durch vergiftete Kadaver ganze Löwenfamilien ausgerottet werden, sondern dass die Viehzüchter ihre Herden ungebremst im Löwen-Schutzgebiet weiden lassen. Dabei handelt es sich um zwanzig- bis fünfundzwanzigtausend Weidetiere, hauptsächlich Rinder, die durch die eingeschleppte Maul- und Klauenseuche die Zahl der natürlichen Beute der Löwen – Axishirsche, Sambars, Black-bucks und Rehe – drastisch dezimiert haben. So ist es nicht verwunderlich, dass sich die Löwen, wollen sie nicht verhungern, an die Viehherden heranmachen. Angeblich werden pro Jahr fünftausend Rinder von Löwen getötet – aber nicht gefressen. Denn zwanzig Prozent ihrer Beute nehmen ihnen die Harijans, die Unberührbaren, wieder weg. Mit Steinschleudern vertreiben sie die Löwen vom kill, rauben ihnen die Beute und verwenden die Häute dann zur Herstellung von Leder. Nur Inder der niedrigsten Kaste, die sogenannten Unberührbaren, gehen diesem Erwerb nach.

Im Hinduismus ist zwar der Grundsatz des Ahisma verankert, was bedeutet, dass alles Lebendige heilig ist, dass jede Lebensform toleriert werden muss, doch in der Praxis gilt das nur mehr für Kuh.

Premierminister Nehru und seine Tochter Indira hatten 1955 die Wild-life Sanctuary in Ghir besucht. Damit sich Löwen sehen lassen hat man Ziegen als Lockmittel angebunden. Nehru erkannte sofort, dass Löwen den Tourismus in dieser abgelegenen Provinz beflügeln könnten, deshalb veranstaltet die Forstverwaltung seither eine Art Löwenschau.

Für uns war das eine wunderbare Gelegenheit diese Tiere zu filmen. Zur Sicherheit stand da ein Forstbeamter mit Gewehr, vermittelt so das prickelnde Gefühl von Gefahr. Angelockt vom Gemecker der angebundenen Ziege sind zwei Löwinnen mit ihren fünf Jungen gekommen. Anscheinend nicht das erste Mal, sie wissen aus Erfahrung, dass die Ziege ihnen gehören wird, warten auf ihre Beute, die sie erst reißen, wenn sie wieder allein sind. Völlig entspannt ruhen diese beiden Großkatzen, lassen sich fotografieren und filmen, während die übermütigen Löwenkinder um sie herumspielen. Sie scheinen an Menschen gewöhnt zu sein. Inzwischen ist auch ein männlicher Löwe aufgetaucht, der hält aber größeren Abstand. Ich sitze etwa zehn Meter entfernt am Boden, kann mich am possierlichen Spiel der Löwenjungen gar nicht satt sehen.

Als Katzenliebhaberin juckt es mich zu erkunden, ob sie ähnlich reagieren wie junge Katzen auf einen am Faden baumelnden Korkstöpsel. Deshalb bewege ich meinen khakifarbenen Stoffhut mithilfe eines Spazierstocks am Boden immer hin und her, bis eines der Löwenjungen neugierig näher kommt und blitzschnell den Hut erbeutet. Ich hatte nicht bedacht, dass sich in dieses Experiment auch die Löwenmutter einmischen würde. Wie ein Geschoss kam die Löwin hinterhergesprungen, schnellte zentimeternah an mir vorbei, nahm ihrem Schützling den Hut weg und trieb ihn mit einem gezielten Prankenhieb zurück. Es ging alles so schnell, dass mir erst danach bewusst wurde, welches Glück ich hatte, dass die Löwin nur ihr Junges und nicht mich mit einem Prankenhieb bestrafte.

Von allen Seiten prasselten Vorwürfe auf mich ein, als zum Glück ein paar Autos mit indischen Touristen ankamen, eine Seltenheit in dieser Gegend. So verschob sich das Interesse der Wildparkbetreiber auf die Ausflügler. Aus deren Radio tönte Musik, sie redeten laut, hatten keine Ahnung, wie man sich beim Beobachten von Wildtieren verhalten soll. Ihr Interesse galt nicht so sehr den Löwen als uns. So wurde aus der Löwenschau eine Europäerschau.

Leopard *Panthera pardus fusca*

Bisher hörten wir immer interessante Geschichten über Leoparden, zum Beispiel, dass vor kurzer Zeit zwei auf einen Postbus gesprungen seien und der Chauffeur den Schreck seines Lebens bekam, oder dass einer einen Hund geklaut und gefressen hätte, doch wir bekamen nie einen zu Gesicht. Vor einer Stunde klopfte jemand an der Tür unseres Bungalows im Schutzgebiet und lud uns ein, schnell mitzukommen, wenn wir einen Leoparden sehen wollen. So schlichen wir bei Dunkelheit hinter dem Mann an einem Bambusgehege entlang und wurden zu einem großen Eisenkäfig mit Gitterstäben geführt. Der Käfig war für uns, und draußen sahen wir einen von einer schwachen rötlichen Lampe angestrahlten schöngefleckten Leoparden, der dabei war, eine Geiß zu verschlingen, die dort schon die zweite Nacht als Köder angebunden war. Ihr jämmerliches Geschrei hatte den Leoparden herbeigelockt, der sie trotz des Rotlichts, das er vielleicht nicht wahrnahm, tötete. Immer wieder hielt er beim Fressen inne und horchte. Er zerrte die Gedärme herum und war auf und auf blutbeschmiert, im Gegensatz zu Löwen oder Tigern, die ihren kill von hinten fressen und nicht am Bauch anfangen. Dann machte jemand ein Geräusch und weg war er. Zwei Waldarbeiter holten noch die Fleischreste, um sie für die nächste Nacht aufzuheben. Kann sein, dass er nochmal kommt.

Königstiger *Royal Bengal Tiger*

Tiger sind Symbole ungezähmter geballter Kraft, wohl deshalb hat ESSO in den sechziger Jahren den Slogan „Tu den Tiger in den Tank" erfunden. Heute wäre dieser Spruch nicht mehr werbetauglich.

Die größten Tiger des indischen Kontinents, auch Royal Bengal Tiger – Königstiger – genannt, leben in den Sunderbans. Dieses etwa sechstausend Quadratkilometer umfassende weitverzweigte Schwemmland ist aus den Schlamm-Ablagerungen, welche die Flüsse Brahmaputra und Ganges auf ihrem Weg vom Himalaya bis zum Golf von Bengalen mitführen, entstanden. Und dieses Delta ist vom größten Mangrovendschungel der Welt bedeckt. Deren tiefe Wurzeln halten den lockeren Boden zusammen, und die speziell ausgebildeten Luftwurzeln machen den Pflanzen das Überleben möglich, denn die Flutwellen des indischen Ozeans drängen sich weit ins Land. Noch 80 Kilometer stromaufwärts ist die Flut spürbar. In diesem Kampfgebiet der Natur ist für Menschen kein Platz.

In den Gewässern gibt es Flussdelphine, Krokodile und sogar Haie, doch der wahre Herr der Sunderbans ist der sogenannte Königstiger, ein faszinierendes Tier schon von seiner Größe und seinem Aussehen her, mit dem gelb-orangen und von schmalen schwarzen Streifen durchzogenen Fell. Ein männlicher kann bis zu 225 Kilo wiegen, ein weiblicher etwa 125 Kilo. Dass heute ihre Zahl so drastisch abnimmt, liegt an unkontrollierter Wilderei und auch

am Verlust weiter Gebiete durch den Bevölkerungs-
zuwachs.

Nur in den Wintermonaten kommen Golpattaschneider – Golpatta ist das zum Dachdecken verwendete
Schilf – Honigsammler und Fischer in dieses von
tropischen Wirbelstürmen heimgesuchte Gebiet. Wir
haben von der Forstbehörde die Genehmigung bekommen, einen Tigerjäger zu begleiten, der im Auf-
trag der Regierung einen *man-eater* erlegen soll, der
in den Sunderbans innerhalb der letzten Tage zwei
Schilfschneider getötet hat.

Auf einem aus der Kolonialzeit stammenden Schaufelraddampfer fahren wir von der Hauptstadt Dacca bis Khulna. Dort steigt der Tigerjäger Posabdhi zu und dann bringt uns ein Schnellboot der Forstbehörde zum Ort des Unglücks. Entlang endloser Mangrovenwälder, deren Luftwurzeln wie Stalagmiten oder umgedrehte Eiszapfen aus dem Boden ragen, fahren wir in diesem weitverzweigten Delta am Golf von Bengalen, bis wir einen *khal,* so nennt man die schmalen Wasserwege – erreichen, in dem sechs Hausboote der Golpattaschneider nebeneinander vertäut sind. Die Teakholzplanken ihrer Schiffe sind noch mit Kokosschnüren zusammengenäht.

Seit dem Vortag, als ihr zweiter Kollege vom Tiger getötet wurde, haben sie ihre Boote nicht mehr verlassen. In ihren Gesichtern ist noch die Angst zu erkennen, als sie Posabdhi ein blutiges Stück Stoff zeigen, das Einzige was vom ersten Tigeropfer noch übrig war. Sie schnitten Schilf, als sich ihr Kollege entfernte, um seine Notdurft zu verrichten und nicht mehr zurückkam. Und am Vortag passierte es wieder. Zum Ort des Unglücks führen sie uns nur, weil Posabdhi und der Forstbeamte mit ihren Gewehren dabei sind. Wir filmen die Schleifspur, vertrocknetes Blut und das, was der Tiger noch übriggelassen hat, die obere Hälfte des Leichnams.

Den ganzen Abend, wird diskutiert, warum die Sunderban-Tiger *man-eater,* also Menschenfresser, sind. Da gibt es mehrere Theorien. Vielleicht haben sie keine Furcht vor Menschen, weil in diesem unzugänglichen Gebiet nie Jagdpartien wie im restlichen Indien abgehalten wurden, wo im 19. und 20. Jahrhundert die Tigerjagd zum Sport von Maharadschas und Kolonialherren gehörte und nach der Unabhängigkeit auch zum Volkssport wurde.

Der Forstbeamte meint, dass Tiger durch den Mangel an Frischwasser so aggressiv würden. Die täglichen Flutwellen verwandeln das Flusswasser in Brackwasser und waschen auch die Duftmarken ihres Reviers, die Urin- Kot- und Kratzspuren weg. Dadurch seien die Tiger gezwungen, ihr Revier physisch gegen unerwünschte Eindringliche zu verteidigen.

Am wahrscheinlichsten erscheint mir Posabdhis

Theorie, dass Tiger sich an Menschenfleisch gewöhnt haben könnten. Denn all die vom Ganges und Brahmaputra angeschwemmten Leichen der armen Leute, die kein Geld für eine Feuerbestattung haben, sind leichte Beute für Tiger und Wildschweine. Und Tiger sind auch gute Schwimmer.

Wir haben in der Motorlaunch gut geschlafen und ich bin froh, dass wir uns einen Koch geleistet haben, der mit wenig Aufwand gute Sachen zubereitet, serviert und abspült. Als Muslim unterliegt er nicht den Kastenvorschriften mit seinen komplizierten Auslegungen. Wären wir im indischen Teil der Sunderbans, müssten wir für jeden Handgriff einen eigenen Diener engagieren.

Gegen Mittag kommt ein Anruf, das Schnellboot wird anderweitig gebraucht, es soll nach Dacca zurückkehren, und wir auch. Unser offizieller Begleiter weiß genau, dass unsere Arbeit erst angefangen hat, doch er muss gehorchen, deshalb versucht er uns zu überzeugen, dass es besser für unsere Gesundheit wäre, die gefährlichen Sunderbans zu verlassen. Hinter diesem Rückholbefehl vermutet Lechenperg ein Ministerium im zweitausend Kilometer entfernten Westpakistan, das ihm schon den Film über die spärlich bekleideten Murungstämme an der Grenze zu Burma mit dem Argument *„we don't want indecencies"* (wir wollen nicht, dass Unanständigkeiten gedreht werden) verbieten wollte.

Mit diplomatischem Geschick und einer Goldmünze gelingt es ihm, den Forstbeamten auf seine Seite zu ziehen. Dieser erlaubt uns daraufhin hierzubleiben, allerdings müssten wir in eines dieser Boote aus zusammengenähtem Teakholz übersiedeln, das uns die *paulis*, so nennt man die Golpattaschneider, gern überlassen. Das Schnellboot fährt zurück, in spätestens einer Woche sollen wir abgeholt werden.

Die Übersiedlung von der luxuriösen Motorlaunch in eines dieser uralten Hausboote, deren Vorbilder Schiffe waren, die schon im 13. Jahrhundert an der Küste von Arabien und Indien verkehrten, betrachten wir notgedrungen als Abenteuer. Der Platz ist beengt. Im überdachten Mittelteil kann man kaum aufrecht stehen, von der Kochstelle kommt ein beißender Rauch und aus allen Ritzen kriechen große Käfer.

Gestern hatte Posabdhi noch in der Nähe des halbaufgefressenen Toten, der nicht entfernt werden durfte, eine Gewehrfalle errichtet. Er hofft, dass der Tiger bei Dunkelheit zurückkommt, um den Rest zu vertilgen und dabei in die Falle laufen würde. Diesen Fallenbau haben wir in allen Einzelheiten gefilmt. Als ich wissen wollte, ob der Tiger unsere Spuren nicht erkennen oder riechen würde, erklärte man mir, dass die in Kürze ansteigende Flut unsere Spuren verwischen würde, ohne die Falle zu beschädigen. Wenn der Tiger dann zu seiner restlichen Beute zurückkehrt, würde er automatisch in die über den Pfad gespannte Schnur laufen, die mit dem Auslöser des

Gewehrs verbunden ist. Ich fand diese Gewehrfalle schrecklich, die ein prachtvolles Tier womöglich nur verletzt und den Toten auch nicht mehr lebendig macht.

Doch der Tiger war clever, erfahren wir heute, er hat die Gewehrfalle vermieden. An den deutlich erkennbaren Prankenspuren im feuchten Sand konnte man sehen, wie er bis knapp zur Schnur ging und dann einen Bogen machte, sich auch nicht mehr den Rest seiner Beute holte. Posabdhi zeigte uns neben den Tigerspuren auch solche von Axishirschen, spottet deer genannt.

Nun probiert er eine andere Methode aus. Mit Ruderbooten werden wir von zwei *paulis* in einen kahl gerudert, zu einer Stelle, von der aus er mithilfe eines Tongefäßes, in das er kehlige Laute hineinstößt, den Ruf eines Tigers perfekt imitiert.

So soll der echte Tiger in seinem Revier einen Rivalen vermuten und angelockt werden. Kamera- und Tonmann sind in Stellung, Lechenperg und der Forstbeamte stehen mit dem Gewehr parat, wir sind alle mucksmäuschenstill und warten auf den Antwortruf des Tigers oder gar den Tiger selbst. Die beiden in den Ruderbooten verbliebenen *paulis* zittern vor Angst. Als kein Tiger auf die wiederholten Rufe antwortet, rudern sie uns zurück.

Am nächsten Tag werden wir wieder in die *khals* gerudert. Da hören wir zum ersten Mal kurz den Ruf eines Tigers, der sich an einem Baum, die Krallen geschärft hat. Nur einen Augenblick war sein leuchtend gelb und schwarz gestreiftes Fell zu sehen, dann verwand er blitzschnell. Der vor mir sitzende Ruderer ist vor Angst auf meinen Schoß gesprungen, umklammerte mich wie ein Affe. Erstmals verstehe ich deren Todesangst. *No bagh* – kein Tiger – bedauert Posabdhi. Wenigstens konnten noch die Affen gefilmt werden, die so possierlich zwischen den Luftwurzeln herumbalgen, und riesige Fledermäuse, fliegende Hunde genannt. Auch Krokodile und kleinere Haie, die sich im Brackwasser wohl fühlen, soll es hier geben. Einer der *paulis* zeigt uns seinen vollkommen verunstalteten Oberschenkel, dessen grässliche Narben vom Biss eines Brackwasser-Hais stammen.

Die Stimmung in unserer Gruppe hat umgeschlagen. Der Kameramann ist schlecht gelaunt, er will endlich einen Tiger vor die Linse bekommen. Nicht einmal meine Entgegnung, dass Hauptdarsteller, wie man aus Hollywood wüsste, nie pünktlich seien, bringt ihn zum Lächeln.

In der Nacht kommt ein Sturm auf. Die miteinander vertäuten Boote wackeln derartig, dass an Schlaf nicht zu denken ist. Lechenperg meint, wenn der Sturm sich zu einem Zyklon aufschaukeln würde, dann ging es ums Überleben, dann wären wir an Land vielleicht sicherer, müssten uns dort an Bäume klammern. Doch zum Sturm gesellt sich nur ein starker Platzregen, überall tropft es herein, und am Morgen ist der Spuk vorbei.

Ich bleibe im Hausboot, hänge unser nasses Zeug zum Trocknen auf, während sich die anderen wieder auf Tigersuche begeben. Da ich von Honigsammlern gelesen habe, frage ich unsern Koch, ob er was drüber wüsste und präsentiere abends meine Idee, die sofort akzeptiert wird. Einer der *paulis* weiß, wo es wilde Honigbienen gibt, und erklärt sich bereit, auf den Baum zu klettern, damit das Honigsammeln gefilmt werden kann. Ich darf nicht mitgehen, je weniger dabei sind umso besser sei es. So gebe ich ihnen einen Plastikeimer für die Waben mit und verbringe den Tag lesend auf dem Deck.

Dieser Filmvorschlag war keine gute Idee. Ohne die Filmkamera und ohne das Gewehr, das sie bei der Flucht nicht mitnehmen konnten, kommen sie tropfnass und zerstochen zum Hausboot zurück. Am ärgsten hat es den Tonmann erwischt, dessen Gesicht so geschwollen ist, dass er kaum mehr aus den Augen schauen kann. Lechenperg verpasst sich und den anderen Injektionen von Cortison und Antihistamin.

Wahrscheinlich ist das Honigsammeln ein *one-man-job*. Nachdem sie den in Tücher eingewickelten Holzfäller beim Besteigen des Baumes gefilmt hatten, machte sich dieser am Bienenstock zu schaffen, und plötzlich wurden sie vom Bienenschwarm überfallen und gestochen. Um sich zu retten, seien sie in den *khal* gesprungen und nur mehr zum Luftholen aufgetaucht.

Nun kauern sie auf dem Deck des Hausbootes mit nassen Tüchern auf den geschwollenen Stellen und trinken Tee und nach einiger Zeit versuchen sie, die Kamera und das Gewehr zu holen. Keine Chance! Der aggressive Bienenschwarm lässt niemanden näherkommen. Erst beim zweiten Versuch gelingt es. Gottseidank hing das Gewehr am Baum und die Filmkamera war auf dem Stativ, das wegen der täglichen Flutwelle schon halb unter Wasser stand. Während alles zerlegt, getrocknet und geölt wird, muss ich mir blöde Reden anhören, dass es mein Vorschlag war.

Die Suche nach dem Tiger geht hektisch weiter, sogar bei Dunkelheit fahren sie mit Posabdhi in die *khals.* Wären da nicht tagtäglich die frischen Tigerspuren im Sand, würde man annehmen, dass es hier keine Tiger gibt. Doch die kennen ihr Revier genau und wissen, wo sie sich vor den Menschen verstecken können, sind auch exzellente Schwimmer, können problemlos breite Wasserstraßen durchqueren. Dieser Film erscheint mir wie ein Krimi, man sucht den Täter, in diesem Fall einen Vierbeinigen.

Zur Hebung der Stimmung erweise ich den genervten Männern eine Aufmerksamkeit, spüle ihre lehmbeschmierten Khakihosen im Fluss und hänge sie zum Trocknen auf eine Schnur zwischen den Booten. Die ist in der Nacht gerissen und die Hosen waren auf Nimmerwiedersehen weg. Zum Glück kommt schon am nächsten Tag das Schnellboot und holt uns ab. Ich habe es satt, immer als Sündenbock abgestempelt zu werden. Auch die Golpattaschneider kehren in ihre Dörfer zurück. Der *man-eater* konnte nicht unschädlich gemacht werden und jetzt beginnt die Zeit der Zyklone.

Elefanten *elephas maximus*

Wer hätte geahnt, dass vor der Erfindung der Feuerwaffen der Kriegselefant die gefürchtetste Waffe war? Schon die Masse von hunderten Kriegselefanten war ein lebendiges Bollwerk, machte es schwer, sie mit herkömmlichen Waffen auszuschalten. Sie sprengten die gegnerischen Linien, trampelten Soldaten nieder und schlugen mit dem Rüssel um sich. Buddha beschreibt den Elefanten so: „Der Große und Mächtige, zum Kampf geboren, zum Kampf erzogen, zum Kampf bereit. Im Kampf wird der Mächtige mit den Füßen sein Werk verrichten, mit dem Körper sein Werk verrichten, mit dem Kopf sein Werk verrichten".

1969 hat Harald Lechenperg vom ZDF einige Filmaufträge bekommen, unter anderem einen über Elefanten und Panzernashörner. So fuhren wir zu dritt im *VW-Bus und VW-Variant* nach Indien.

Dort war unser erstes Ziel das größte Naturschutzgebiet des Landes, der Peryar-See, den man auch den „See der tausend Elefanten" nennt und auf dem Weg dahin besuchen wir als erstes das Elefantencamp Mudumalai.

Hier erklärt man uns, wie Elefanten für die Holzarbeit oder als Zirkustiere abgerichtet werden. Bald nach der Geburt trennt man die Babyelefanten von der Mutter. Zuerst dürfen sie mit den Touristen herumspielen, nach etwa acht Wochen werden sie einige Tage eingesperrt. Das ist die kritische Zeit, da werden sie manchmal böse. Und danach beginnt die Schulung. Sie lernen auf Baumstämmen zu gehen, denn ohne dieses Training würden sie später keine Brücke überqueren. Sie lernen, entweder auf den Vorder- oder Hinterbeinen zu stehen und das Vorderbein auf einen Befehl anzuheben, damit der Elefantenführer später leichter aufsteigen kann. Das ist alles sehr wichtig für Holzarbeit. Die vollkommene Erziehung verlangt, dass das Tier nur vom selben Mann betreut wird.

Die im Camp befindlichen Elefanten stammen zu 90 % von wilden Elefanten ab. Jede Nacht und manchmal auch tagsüber werden sie in den Dschungel gelassen. Damit sie sich nicht zu weit entfernen können, koppelt man ihre Vorderbeine mit einer Kette, die sie nachschleifen, das erleichtert den Trackern am nächsten Tag das Wiederfinden. Oft befinden sie sich in dann in Gesellschaft wilder Elefanten. An den Spuren am Rücken der Elefantenweibchen erkennt man meistens, ob sie begattet wurden. So wird immer für Nachwuchs gesorgt. Die männlichen Arbeitselefanten könnten mit ihren gekoppelten Beinen kein Weibchen besteigen. Das würde eine gewisse Akrobatik verlangen.

Uta füttert den kleinen Ravindra

Zum Frühstück erhalten die Arbeitselefanten eine Kraftmahlzeit, Knödel aus gekochten Hülsenfrüchten und Roggen mit etwas Salz vermischt, nach genau festgelegten Rationen. Der einjährige Ravindra, fast noch ein Baby, bekommt vier Kilo Reis. Hungrig wartet er auf seine Zuteilung, doch zuerst kommen die großen Elefanten dran. Ich gebe ihm als Vorspeise ein Stück Zuckerrohr. Nach der Mahlzeit wird der Zahnansatz jedes Elefanten mit einem Desinfektionsmittel bepinselt.

Die besten Elefantenlenker Indiens sind Männer vom Stamm der Kurumba. Sie gehören zu den Ureinwohnern und haben lange vor den sogenannten Ariern in diesen Wäldern gelebt. Forstwirtschaft und Gewinnung von Edelhölzern wäre ohne die Elefanten unmöglich. Sie leisten erstaunlich viel an einem Tag. Nur mit seinen Backenzähnen hält der Elefant das Hanfseil, an dem die Kette mit dem gefällten Stamm befestigt ist. Ohne Mühe kann er so einen gefällten Stamm von zwei Tonnen Gewicht ziehen. Wir filmen einen, der Stämme zum Bahnhof zieht und sie dort mithilfe seines Rüssels auf den Waggon hievt.

Diese Arbeitselefanten kennen nicht nur ihre Pflichten, sondern auch ihre Rechte. Punkt 16:30 Uhr lassen sie die Baumstämme liegen, Überstunden lehnen sie dickhäutig ab, und bestehen auf ihr Bad im Fluss. Dort wälzen sie sich im Wasser, werden von ihren Wärtern wie Sportchampions gepflegt, mit einem Ziegelstein abgerieben. Mit dem Rüssel zeigt ihnen der Elefant, wo es noch juckt.

In Peryar, am „See der tausend Elefanten" bekommen wir von der Forstverwaltung einen Bungalow in einer Dschungellichtung, zur Verfügung gestellt, um den, wie bei einer mittelalterlichen Festung, ein tiefer Graben zum Schutz vor wilden Elefanten gezogen war. Die zerstörte Steintreppe außerhalb des Grabens zeugt von deren nächtlicher Tätigkeit.

Am nächsten Tag fahren wir in Begleitung des Forstbeamten zuerst entlang endloser Teeplantagen. Wenn die Elefanten nachts manchmal bis in die Plantagen streunen, wo sie großen Schaden anrichten, werden sie durch Lärm vertrieben. Dazu wird auf leere Benzinkanister getrommelt, die hier an den Hochsitzen hängen. Vorbei an Eukalyptuswäldern und Pfefferanpflanzungen, die sich an eigens dazu gepflanzten Bäumchen emporranken, fahren wir zum See. Diesen See, der erst Ende des 19. Jahrhunderts durch die Stauung des Peryarflusses entstanden ist, der sich meilenweit ausdehnt und unzählige Buchten, Seitenarme und Halbinseln hat, erkunden wir mit einem Motorboot. Wie in einem versteinerten Wald ragen die Strünke längst abgestorbener Bäume aus dem Wasser, ein idealer Nistplatz für exotische Vögel.

Der Forstbeamte erklärt uns, dass dieses Schutzgebiet bei Elefanten besonders beliebt ist, da einer am Tag ungefähr zweihundert Liter Wasser trinkt. Der Motorbootfahrer lenkt das Boot in eine kleine Bucht, stellt den Motor ab, wir treiben auf das Ufer zu und sehen eine Herde von indischen Ghaurs, die größten Wildrinder der Erde, die man nur noch in solchen Schutzgebieten antrifft. Diese acht oder neun großen schwarzen Tiere mit weißen Beinen bis zum Knie und mächtigen Hörnern lassen sich nicht stören, unser Boot schaukelt nahe ans Ufer und sie grasen weiter, manche bleiben stehen, schauen zu uns und zeigen die entblößten Vorderzähne, was ganz komisch aussieht, so als ob sie lachen würden. Dann verziehen sie sich, immer wieder umblickend, in den Dschungel. Die Tiere sind nicht scheu, im Schutzgebiet werden sie ja nicht gejagt, und an Boote sind sie anscheinend schon gewöhnt.

Wir fahren weiter, sehen nochmal einen einzelnen Ghaur mit einem abgebrochenen Horn und dann auf einem Hügel Elefanten, deren Rücken und Köpfe mit den wackelnden Ohren aus dem Elefantengras herausragen, während sie schmatzend weiterfressen. Wir dürfen nicht aussteigen, es sei zu gefährlich.

Ein paar Landzungen weiter wird der Motor wieder abgestellt. Wir hörten das Geräusch von knackenden Ästen und heraus aus dem Dickicht kommt ein Elefantenbulle mit prachtvollen Stoßzähnen. Die Windrichtung ist diesmal günstig und er hat uns nicht bemerkt, geht zum Ufer, um zu trinken, wie wir annehmen. Aber nein! Er beginnt zu schwimmen. Man sieht nur mehr den Kopf bis knapp unter die Augen auftauchen und sich versenken und die Spitze des Rüssels im selben Rhythmus auf- und untertauchen. Mit fliegenden Händen lege ich einen Film in meinen Fotoapparat, der Kameramann hat die Kamera bereit und als der Elefant weit genug im Wasser ist, stellt der Fahrer den Motor wieder an und verfolgt dieses schwimmende Ungeheuer bis zum gegenüberliegenden Ufer. Ehe der Elefant es erreicht, fährt der Motorbootfahrer um ihn herum, versperrt ihm so quasi den Weg. Schnaubend ändert der Elefant die Richtung und schwimmt mit einer Behändigkeit und Schnelligkeit, die man so einem Pachyderm nicht zutrauen würde, zurück. Der Bootsmann, wahrscheinlich auf ein großzügiges Bakschisch hoffend, wiederholt in sicherer Entfernung dasselbe Manöver, damit wir alles gut filmen und fotografieren können. Mir tut der Elefant schon leid. Als dieser seichten Boden unter seinen Füssen hat rennt er nicht etwa schnell davon, sondern schreitet mit Würde und Haltung vom Ufer auf eine kleine Lichtung, bleibt dort stehen, reckt seinen Rüssel in die Höhe und stößt einen markerschütternden Trompetenton aus. „Sowas ist mir auch noch nie passiert" wird er sich dabei gedacht haben.

Am folgenden Tag ist die Windrichtung günstig und wir dürfen ausnahmsweise vom Boot an Land gehen.

Lautlos schleichen wir im hohen Elefantengras auf den von den Tieren ausgetrampelten Pfad zu einer Anhöhe und sehen eine große Herde. Theoretisch kann man ganz nahe an sie heran, sie sehen sehr schlecht. Doch wehe, sie hören oder spüren etwas Ungewohntes. Dann Rüssel hoch und Angriff oder Flucht. Sicherheitshalber steige ich auf einen kleinen Baum, der mir allerdings nur psychisch Schutz vermittelt. Denn als wir 1962 in diesem Gebiet waren, wurde ich beim Fotografieren von einer Elefantenmutter bemerkt und verfolgt, rannte um mein Leben runter zum Boot.

Heute grasen sie gemütlich, wir sind auch nicht zu nah, die Elefantenmütter säugen ihre Babys, eine schlägt jedes Büschel Gras vorher an ihr Bein, damit die daran haftende Erde wegfällt, ehe sie es ihrem Baby verfüttert. Es sind auch richtige Liebespaare in dieser großen Herde. Ein Bulle mit Stoßzähnen streicht mit seinem Rüssel zärtlich über den Rücken seiner Auserwählten. Doch sie weicht immer kokett zur Seite, kommt aber nach einiger Zeit wieder näher und drängt sich an ihn, dessen Penis inzwischen zu einem Mastbaum angewachsen war. Das Finale zog sich dann hinaus, weil es ihr wieder nicht passte. Plötzlich ändern alle ihr Verhalten und laufen schnell davon. Wir nehmen an, dass sie etwas Ungewohntes gehört haben.

Auf dem Rückweg sehen wir am Ufer noch eine Herde Wildschweine, und später einen Sambar, das ist eine Art Hirsch, der viel größer ist als die europäischen.

Im Gästebuch zeigt uns der Forstbeamte die Eintragung eines Deutschen, der im Jahr zuvor von einem Elefanten getötet wurde. Er war Zeuge des Unfalls. Der Deutsche kam den Elefantenbullen, der Bambusrohr knickte und fraß, mit dem Fotoapparat zu nahe und wurde daraufhin mit einem Rüsselschlag getötet. Wahrscheinlich war dieser Elefant in *musth*. *Musth* löst einen Testosteronschub aus, eine Drüse zwischen Aug und Ohr scheidet dann ein Sekret aus. In dieser Phase sind die Tiere besonders reizbar.

Angreifender Elephantenbulle

Wir selbst sind vor einigen Jahren im gleichen Dschungel einmal knapp davongekommen. Vom Geländefahrzeug aus beobachteten wir einen jungen Rogue-Elefanten beim Fressen von Bambusstauden, denn zarte Bambusblätter sind die Lieblingsspeise der Elefanten. Als er uns bemerkte, stürzte er auf den Pfad und verfolgte unseren Jeep. Der indische Fahrer gab schreiend vor Angst Vollgas und zum Glück lagen auf dieser Forststraße keine abgebrochenen Äste, die uns zum Anhalten gezwungen hätten.

Die Inder haben zahlreiche Namen für das Rüsseltier. Weil er zuerst mit dem Rüssel das Wasser schöpft und es erst dann die die Kehle gießt, heißt er der „Zweimal Trinkende" und weil er sich gern im Wasser wälzt, der „Nassverlangende". Dann der „Bezahnte", der „Königsträger", der „sich im hohen Gras erfreuende" und der „Beschützer".

Im Hinduismus und im Buddhismus genießt der Elefant göttliche Verehrung. In seinen Gleichnissen erwähnt Buddha oft den Elefanten, zum Beispiel sagte er: „Wenn unsere Arbeitselefanten durch die Straßen von Kaumpur kommen oder gehen – immer werden sie all ihre List und all ihre Ränke offenbaren. Doch wie anders – ihr Mönche – ist der Mensch! Nie wird er seine List und seine Ränke offenbaren. Denn heimlich wie die Höhle – ihr Mönche – ist der Mensch, und offen wie die Ebene das Tier."

Madurai ist eine Stadt der Tempel und Tempelfeste. Bei den Umzügen werden bemalte und mit Schabraken geschmückte Elefanten herumgeführt, die in den Tempelhöfen sogar ein priesterliches Amt ausüben. Dabei verdienen sie sich ihren Unterhalt selbst, denn jeder Pilger muss zuerst eine Münze in den Rüssel stecken, ehe er den Segen bekommt. Erst dann berührt der Elefant mit dem Rüssel den Kopf des Gläubigen, der sich vor ihm verneigt.

Auch in der Kunst und Architektur spielt der Elefant eine Rolle. Auf Friesen, Sockeln und Karyatiden von Tempeln ist er abgebildet. In Mahabalipuram, der berühmten Hafenstadt der Pallava-Könige, die im 7. Jahrhundert in Südindien regierten, zeugen nicht nur in Granit gehauene Pagoden und Elefanten von ihrer Macht. Dort befindet sich auch das größte in Stein gehauene Relief der Welt: 9 Meter hoch und 27 Meter lang. Das Thema dieses steingehauenen Bilderbuchs zeigt, wie Brahma die Bitten seiner Heiligen erhört und dem himmlischen Fluss Ganges erlaubt, auf die Erde zu fließen. Zeugen sind zwei reliefbeherrschende Riesenelefanten.

Genug der Elefanten!

Wir müssen über Delhi nach Assam fahren, denn ohne Spezial- Genehmigung des Tourismusministeriums darf im Tierschutzgebiet Kaziranga nicht gefilmt werden.

Was für eine schreckliche Fahrt! Auf den Straßen sind nur ein paar LKW's und wenig Personenautos unterwegs, hauptsächlich begegnet man Radfahrern, die erst auf mehrmaliges Hupen zur Seite fahren. Manchmal liegen da auch Hündinnen, die ihre Jungen säugen und die Ochsenkarren finden es auf dem asphaltierten Mittelteil auch bequemer als auf der Bankette.

Und da passierte es, dass ein Radfahrer plötzlich, ohne sich umzusehen auf die falsche Seite abbog und vom Variant erfasst wurde. Die Vorderscheibe des Autos war zerbrochen und der Radfahrer lag mit einer blutenden Kopfwunde am Boden. Kameramann Sigi fuhr den Verletzten mit zwei Einheimischen ins nächste Spital. Wir hingegen, umringt von Neugierigen, warteten auf die Polizei. Nach längerer Vernehmung der Umstehenden und Besichtigung der Bremsspur konnte geklärt werden, dass es Schuld des Radfahrers war.

Panzernashörner _rhinoceros unicornis_

In Delhi musste die Autoscheibe erst bestellt werden und so fuhren wir in dem mit Filmgepäck schon ziemlich vollbeladenen VW-Bus zu dritt nach Assam, eine Stecke von 2.600 Kilometer.

Komischerweise übernachteten wir auf dieser Fahrt zufällig im selben Dak-Bungalow wie der Finanzminister von Nagaland. Er war mit vielen Jeeps auf dem Weg zur Prinzenhochzeit in Nepal, hatte sogar Soldaten mit Maschinengewehren dabei.

In Assam brennt es an den Ufern des Brahmaputra. Es sind von Menschen verursachte Brände, denn die zurückbleibende Asche in Verbindung mit dem nachfolgenden Monsunregen gibt dem Boden neue Fruchtbarkeit. Wir wohnen in einem kleinen Bungalow am Waldrand des Kaziranga-Schutzgebietes. Neben dem Bungalow ist ein kleines Gehege mit zwei Abteilungen. In einer befindet sich eine Pythonschlange, in der anderen Meerschweinchen. Man erzählt uns, dass die Schlange alle drei Wochen ein Meerschweinchen bekommt, dann sei sie satt und schläft wieder. Die Kinder zeigen uns auch einen kleinen Affen, der sich vor kurzem im Wald hoffnungslos in einer Liane verschlungen hatte.

Die Nashörner, auch Rhinos genannt, waren in Kaziranga fast ausgestorben, es gab es nur mehr zwölf

Stück. Doch die britischen Kolonialherren ergriffen sofort strikte Schutzmaßnahmen und heute sind es etwa vierhundert. Damals und auch heute noch werden sie verfolgt, denn ihr Horn übersteigt bei Auktionen den Wert des Goldes um ein Vielfaches. Die Chinesen glauben, dass es wundertätig sei, vor allem wegen seiner aphrodisierenden Wirkung.

Ehe wir uns auf den Elefanten (die Inder nennen ihn *hatti*) setzen, auf dessen Rücken eine bequeme Bank geschnallt ist, erklärt uns Mr. Sonoval, dass die große Narbe an *hattis* Hinterbein, vom Eckzahn eines Rhinozeros stammt. An dieser Verletzung vor mehr als fünf Jahren war allerdings der *mahout* schuld, der in seiner Angst den Elefanten zum Davonlaufen kommandierte. Inzwischen sei *hatti* jedoch ein speziell ausgebildeter Elefant und wisse genau, wie er sich zu verhalten habe, falls wir eines Nashorns ansichtig würden.

Als wir dann auf dem Elefantenrücken durch den Dschungel geführt werden, begegnen wir wilden Wasserbüffeln, die aufhörten zu grasen um uns erstaunt zu betrachten. Der Reitelefant kennt seinen Weg und der auf seinem Hals sitzende *mahout* braucht ihm keine Befehle zu geben, hackt nur ab und zu mit seinem Kukri herunterhängende Lianen und Zweige ab. Unter jedem Tritt des schweren Rüsseltiers schwankt der sumpfige Boden. Vorbei an Teichen, deren Oberfläche mit Wasserhyazinthen zugewachsen ist, schreitet *hatti* voran. Von seinem Rücken aus ist es uns hoffentlich möglich, ein Nashorn zu sehen. Im Gegensatz zu Elefanten leben Nashörner nicht in Herden, sondern sind, wie man uns erklärte, cholerische Einzelgänger. Plötzlich bleibt unser Elefant stehen. Es ist jetzt Paarungszeit. Hier kämpfen zwei Rhinos, das eine hat eine blutende Wunde am Hinterteil und wird vom anderen verjagt. Es ist schon aufregend solche Tiere, die wir nur vom Dürerbild kannten, lebendig zu erleben. Das Rhino-Hinterteil mit der dicken, in schwere Falten gelegten und mit hornartigen Warzen bedeckten Haut ähnelt wirklich einem Panzer. Vorbild für Dürers Bild war ein indisches Panzernashorn, das im Jahr 1513 an den König von Portugal gesandt wurde.

Panzernashorn

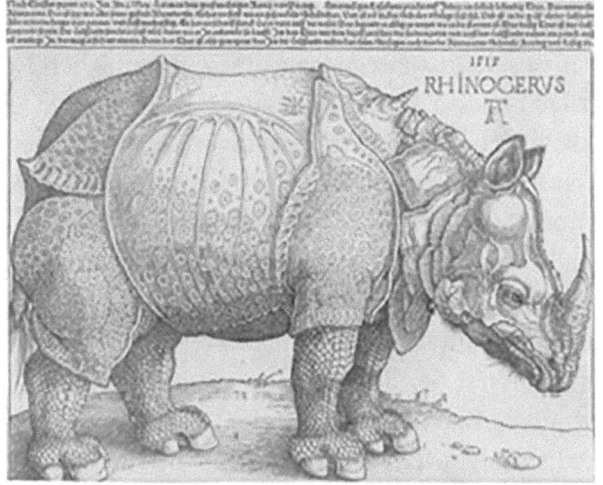

Auf dem Rückweg kommen wir am Gerippe eines Rhinozeros vorbei, das von Wilderern schon vor längerer Zeit getötet worden war. Daneben war auch ein großer Dunghaufen, denn angeblich benützen Rhinos gern immer denselben Platz, um sich zu entleeren. Und hier lauern, wie uns Mr. Sonoval erzählt, auch gern die Wilderer. Der Forest-Officer erlaubt uns, ein paar Zähne mitzunehmen, ein Geschenk, über das sich mein Zahnarzt freuen wird.

Beim nächsten Ausritt mit dem Elefanten hatten wir das Glück, eine Nashornmutter mit ihrem Baby filmen zu können. Sie kam aus dem mannshohen Schilf und war nicht aggressiv, der Elefant blieb allerdings in gebührender Entfernung von etwa fünfundzwanzig Metern stehen. Das Baby, angeblich etwa zehn Monate alt, reichte ihr nur bis zum Bauch. Mit acht Jahren erreicht es eine Mittelgröße und erst mit dreizehn Jahren ist es voll ausgewachsen. In den Büchern im Camp habe ich gelesen, dass eine Nashorn-Mutter neunzehn Monte lang schwanger ist, immer nur ein einziges Junges zur Welt bringt, das sie zwei Jahre langt säugt und behütet, denn nichts schätzen Assam-Tiger mehr als ein wohlgenährtes Rhino-Baby. Doch der schrecklichste der Schrecken ist der Mensch in seinem Wahn!

In der Nacht gab es wieder Wilderer-Alarm, alle waren im Einsatz, wahrscheinlich auch Mr. Sonoval, denn er ist nicht im Büro, schläft sich wahrscheinlich aus. Da er Hari ein großes Büffelhorn versprochen hat, verschieben wir unsere Abreise und nehmen die Gelegenheit wahr, am Brahmaputra die großen Adjudanten-Störche mit ihrem Sack hinter dem Schnabel, Pelikane, Reiher, Kormorane und viele andere, die sich am Ufer des großen Flusses aufhalten, zu beobachten.

Nach einem herzlichen Abschied mit Umarmungen vom nettesten Forest-officer, dem wir auf dieser Reise begegnet sind, fahren wir am nächsten Tag mit dem Büffelgehörn auf dem Dachträger zurück. In Tezpur dürfen wir in einem ehemaligen Club aus englischer Zeit übernachten, nachdem einige Teepflanzer für uns signiert hatten. Dieser Club ist ein kurioses Relikt aus der Kolonialzeit. Während Hari und der Kameramann an der Bar Whisky trinken, sehe ich mich um. Da gibt es neben einem mit Zeitungen vollbelegten Tischtennistisch ein altes Klavier und mehrere Regale, die noch mit verstaubten Punch-Jahrgängen und Encyclopedias vollgestopft sind und den typischen Modergeruch alter Bücher verströmen.

Nach einem vorzüglichen Abendessen unterhalten wir uns mit den Teepflanzern und einer fragt *„Do you want to shoot something?"* Auch diese Frage passt zum Ambiente. In der Kolonialzeit hat ja jeder Besucher aus Europa versucht, einen Tiger zu schießen, um damit angeben zu können. Wir wollen nichts schießen, interessieren uns nur für die sogenannte *keddah* oder *noosing*. Jeder hat davon gehört, doch niemand kann uns Genaueres sagen.

Nur mithilfe eines Einheimischen, der uns über Dschungelwege und durch brückenlose Bäche dirigiert, erreichen wir das Camp, von dem aus diese sonderbare Elefantenjagd namens Khedda gemacht wird. Zwei souverän wirkende Männer in einfachen Wickelröcken, *lunghis* genannt, entpuppen sich als der Raja von Baroda und der Rajkumar von Cooch-Bihar. Wir entschuldigen uns, einfach so hereingeschneit zu sein, und erfahren, dass die Khedda schon vorbei sei.

Khedda ist eine nur noch in Assam praktizierte Art, wilde Elefanten mit Schlingen einzufangen. Speziell ausgebildete Elefanten, auf denen je zwei *mahouts* sitzen, stoßen in eine wilde Herde vor, um sie zu vertreiben und die jungen Elefanten, deren Füße sich in den ausgelegten Schlingen verheddert haben, zu kapern. Der Erfolg hängt davon ab, ob die Elefantenherde etwas merkt oder nicht. Denn wenn sie den mit dem Bein in der Schlinge hängenden Elefant befreien wollen, wird es gefährlich. Dann müssen die *mahouts* sofort das Lasso kappen. Man empfiehlt uns das Buch Elephant-Gold von Stracey, darin könnten wir alles nachlesen.

Beiläufig erzählt der Raja von Baroda, dass er lieber hier im Dschungel wohnt als in Baroda, weil es dort zu viele Kommunisten gäbe. Dieser ehemalige Fürst, in einem Palast aufgewachsen, den sein Großvater nach dem Vorbild des Londoner Westminster-Palace erbauen ließ, und sein Freund, der Rajkumar von Cooch-Bihar, vergnügen sich hier mit der Elefantenjagd. Der Rajkumar von Cooch Bihar verziert mit seinem Messer sogar den hölzernen Griff meines im Basar gekauften Kukris. Nie habe ich es so bedauert, dass wir so bald nach dem Teetrinken aufbrechen müssen. Wir hätten sicher viel Interessantes über ihr Leben erfahren. Doch die Monsunzeit steht bevor, das Filmmaterial muss endlich bearbeitet werden, deshalb kann die lange Autofahrt zurück nach Europa nicht länger verschoben werden.

Unterwegs erregt das große Büffelgehörn auf dem Autodach Aufsehen. Normalerweise wurden wir von den LKW's meistens auf die nichtbefestigte Bankette gedrängt, doch jetzt deutet mancher Fahrer lachend auf das Dach und fährt galant zur Seite. Auf den Allee-Bäumen entlang der Straße sitzen viele Nackthals-Geier mit ausgebreiteten Flügeln zum Trocknen. Sie warten auf überfahrene Tiere. Manchmal liegt auch ein toter Geier auf der Straße, das passiert, wenn er in seiner Fressgier zu spät auffliegt. Zum Glück ist der Variant repariert und abwechselnd fahren wir drei wieder mit beiden Autos zurück.

+++

Hier möchte ich noch etwas vom Eckzahn des Panzernashorns erzählen, meinem Zahnarzt hatte ich nur den Stockzahn geschenkt. Diesen 16 cm langen und spitz zulaufenden Eckzahn hatte ich in Silber fassen lassen und als Wandschmuck neben das Bett meiner Münchner Wohnung gehängt. Damals, in den 1970er Jahren, war ich nach dem Besuch der Cutterin und ihres Freundes, die ich zum Abendessen eingeladen hatte, todmüde ins Bett gegangen und nachts durch ein Kribbeln an der Wade aufgewacht. Zuerst dachte ich, es sei mein Kater, doch als ich das Licht anknipste war ich starr vor Schreck. Ein Mann, der mit seinem krausen Haar aussah, wie der libysche Staatschef Ghadaffi, kniete neben meinem Bett und masturbierte, sagte dabei immer „bühte, ich nichts tun, bühte, ich nichts tun". Starr vor Schreck sein ist eine Redensart, aber ich war wie erstarrt, konnte mich im ersten Moment weder bewegen noch schreien. Doch dann ergriff ich den an der Wand hängenden Rhinozahn, hielt ihn wie eine Waffe und schrie „geh sofort raus oder ich ruf die Polizei!" Und während der Eindringling aus dem Fenster kletterte, stieß ich ihm damit noch kräftig in den Rücken. Dann machte mir eine Tasse Kamillentee und rief die Polizei an.

Sie kamen zu zweit und ich erzählte ihnen, was vorgefallen war. Einer ging dann in den Hof zum Fenster, um zu sehen, wo der Eindringling hereingestiegen war. Als er zurückkam sagte er *„Glogn hats nit"* und schilderte dem anderen, dass frische Fußabdrücke auf der staubigen Fensterbank wären und einige Zigaretten-Kippen am Boden. „Was heißt „*glogn hats nit*" fauchte ich die Typen an. „*Ja was glaubens, wie oft wir angerufen werden, weil jemand a Gsellschaft will!*" „*Ich nicht, und jetzt schauens, dass sie weiterkommen*" erwiderte ich erbost und ging dann zurück ins Bett. Die Polizisten hatten mich genauso aus der Fassung gebracht wie der Eindringling. Dem gegenüber hatte ich fast ein schlechtes Gewissen wegen meines hysterischen Stoßes mit dem Rhinozahn.

Bereits um 8 Uhr morgens wurde ich von der Polizei-station angerufen. Ich sollte vorbeikommen, um eine Anzeige zu machen. Sicherheitshalber rief ich zuerst meinen Filmpartner Hari in Kitzbühel an, erzählte das nächtliche Drama und fragte ihn, ob ich eine An-zeige machen soll. „Tu das ja nicht, die Polizei hat Verbindungen zur Presse und „Junge Filmassistentin verteidigt sich mit Rhinozahn" wäre ein Fressen für die Boulevard-Zeitungen und würde dir schaden, du würdest in Zukunft immer nur in Verbindung mit dieser Geschichte wahrgenommen."

Katzen

Diese Tiere, die man liebevoll „Tiger auf Samtpfoten" oder „Streicheltiger" nennt, stammen nicht vom Tiger ab, sondern von der Wildkatze. Erst durch meinen langjährigen Lebenspartner, der in Kitzbühel einen Bauernhof und eine Katze namens Esmeralda hatte, lernte ich diese Tiere besser kennen. Wenn wir da waren wurde Esmeralda verwöhnt, und wenn wir oft monatelang verreist waren, wurde sie zur Stallkatze, ernährte sich von Milch und Mäusen und naschte auch vom Hühnerfutter. Sobald wir nach einer langen Asienreise zurückkamen, sprang sie gleich ans Fenstersims, leckte sich das Fell, wahrscheinlich um den Stallgeruch loszuwerden, und wurde wieder zur Schmusekatze und schlief zu unseren Füßen im Bett. Einmal gebar sie sogar in meiner Kniekehle vier Junge. Gleich bereitete ich eine Schachtel mit Stroh für sie und ihre Babys und wenn ich sie später mit den vier Kleinen, eins hinter dem anderen, über die abgemähten Wiesen gehen sah, um ihnen das Mäusefangen beizubringen, war ich glücklich.

Im alten Ägypten wurden Katzen besonders verehrt, nicht nur weil sie die lebenswichtigen Getreidespeicher vor Mäusen und Ratten schützten, die Katzengöttin Bastet, dargestellt als Frau mit einem Katzenkopf, war auch Sinnbild für Liebe und Sexualität.

Auch der Prophet Mohammed war Katzenliebhaber.

Die Überlieferung der Geschichte, wie er seine Katze auf den Ärmel seines Kaftans schlafend vorfand, als er in die Moschee gehen wollte und den Ärmel einfach abschnitt, um das Tier nicht zu stören, ist wohl jedem Moslem bekannt.

Nur die katholische Kirche verteufelte Katzen. Weil Katzen sich oft mit mehreren Katern paaren wurden sie zum Sinnbild aller Laster erklärt, und zur Begleiterin Satans. Nach jahrtausendealter Verehrung landeten die Katzen mit den Hexen auf dem Scheiterhaufen oder wurden brutal umgebracht. Das änderte sich in Europa erst nach der Pestwelle. Zwischen 1346 und 1353 fielen an die 25 Millionen Menschen der Pest zum Opfer. Und es waren viel zu wenig rattenfressende Katzen da, um diese Pandemie zu bekämpfen. Hätte die Kirche die Katzen nicht so verteufelt, hätte man damals Millionen Menschen das Leben retten können.

Auch heute sind manche Menschen noch überzeugt, dass schwarze Katzen Unglück bringen, speziell wenn sie von links nach rechts laufen. Unglück bringen sie höchstens der Maus, die sie gefangen haben! Dass dreifärbige Katzen Glückskatzen seien, gehört meines Erachtens ebenfalls ins Reich der Phantasie. Allerdings stand in Brehms Tierleben von 1893 noch: „Eine dreifarbige Katze schützt das Haus vor Feuer und anderem Unglück". Weil ihre Farbgebung im Fell niemals identisch ist, ist sie anhand ihres Aussehens immer ein Unikat, selten wie ein vierblättriges Kleeblatt. Es ist bekannt, dass japanische Seefahrer dreifärbige Katzen auf ihre Schiffsreisen mitnahmen, wahrscheinlich, weil sie ihre Einsamkeit auf See erträglicher machten.

Meine dreifärbige Katze Eudoxia war 14 Jahre meine Begleiterin, bis sie Nasenkrebs bekam und eingeschläfert werden musste. Sie hatte Zugang zur Natur, brachte mir oft Geschenke wie Mäuse und Ratten, Eidechsen und Vögel. Wenn ich sie streichelte, schnurrte sie. Glückbringend sind alle „Streicheltiger" die man sich als Lebensgefährten hält, denn sie machen das Leben interessanter und entspannter.

Auf der Insel Elba lernte ich Roberto kennen, bei dem ich Brennholz für den Kamin kaufte. Wir saßen in seiner Cantina bei einem Glas Wein, da bemerkte ich einen rotweiß gestreiften Kater, den ich aufhob, um ihn auf meinem Schoß zu streicheln, dabei biss er mich fest in die Hand. Während Roberto meine Wunde mit Grappa desinfizierte, fragte ich ihn, warum sein Kater so aggressiv sei. Da erzählte er, dass dieser im Jahr davor mager und hungrig aufgetaucht war, etwas zu fressen bekam und er seiner Jagdhündin befahl, ihn in Ruhe zu lassen. Hund und Katz vertrugen sich, doch der Kater – er nannte ihn Lazzarone, das heißt soviel wie Schlaumeier – wurde zusehends dreister, sprang öfter auf den Tisch in seiner Cantina, und mit einem weiteren Sprung erwischte er die am Dachbalken neben den Zwiebel- und Knoblauchbüscheln hängenden Würste. Das verübelte ihm Roberto und verjagte ihn fortan mit Fußtritten aus der Cantina. Dieser Schlaumeier sollte Mäuse fangen, nicht an seine Wurstvorräte gehen.

Roberto war Sohn einer Weinbauernfamilie und von Kind auf gewohnt, dass Tiere, egal ob sie Pferde, Esel oder Katzen waren, sich ihr Futter verdienen müssen. Kurzum es entspann sich zwischen uns eine lange und hitzige Diskussion über Tierhaltung und Tierliebe.

Im Frühjahr fuhr ich wieder auf die Insel, um Roberto beim Holzkohlemachen zu fotografieren, da sagte er „jetzt kannst du den Lazzarone streicheln, ohne gebissen zu werden". Den ganzen Winter hatte er den Kater verwöhnt, und gut gefüttert. Daraufhin entstand zwischen den Beiden so etwas wie Freundschaft, Lazzarone schnurrte und ließ sich von ihm streicheln. Das war das schönste Geschenk, das mir Roberto machen konnte. Lachend erzählte er, wie viel Holz er verkaufen müsse, um Lazzarone, der inzwischen sein Liebling geworden ist, mit Whiskas gut zu ernähren.

In meinem Bauernhäuschen in Österreich, das ich nur im Winter bewohne, kommt seit zwei Jahren eine dreifärbige Katze aufs Küchenfensterbrett gesprungen, weil ich ihr da Futter hinstellte.

Sie war scheu wie eine Wildkatze, hatte Angst vor Menschen, ließ sich nicht streicheln, wer weiß, was sie erlebt hat. Doch mit der Zeit wurde sie mir gegenüber etwas lockerer und im Frühling brachte sie mir Geschenke. Keine Maus, sondern ein neugeborenes Katzenbaby legte sie aufs Fensterbrett und am nächsten Tag ein zweites. Anscheinend hatte sie zu mir Vertrauen gefasst, denn sie säugte diese Babys dann im zurechtgelegten Korb auf der überdachten Terrasse. Ehe ich wieder nach Elba fuhr konnte meine Großnichte Hannah die Kätzchen in Mittersill gut unterbringen.

Heute ist die Katze Allerweltsliebling. Doch leider erfordert auch das seinen Preis. Man erfindet immer neue perverse Züchtungen, die auch auf die Gesundheit der Tiere negative Auswirkungen haben.

The Short Happy Life of Francis Macomber

Weinbau war seinerzeit die Lebensgrundlage von Robertos Vorfahren. In den Weingärten standen auch vereinzelt Cantinas, in denen man den Wein herstellte, der dort in riesigen Holzfässern gelagert wurde. Unser Wohnhaus ist eine umgebaute ehemalige Cantina. Früher wurde von hier aus der junge Wein in Otris, umgestülpten Ziegenbälgen die je fünfzig Liter fassen, auf dem Rücken von Eseln zum Hafen nach Marciana Marina gebracht. Dort warteten schon die Bilancellen, die typischen Segelboote mit den schrägen Masten, um ihn weiter nach Genua zu befördern. An einer Mauer in Hafennähe befinden sich heute noch die Ringe, an denen die ständig von Lavacchio und Campobagnolo zum Hafen trippelnden Esel angebunden waren.

Inzwischen haben sich die Zeiten geändert. Jahrelang hatten wir uns geplagt, aus den verwilderten und von Macchia überwucherten Weinterrassen rund um das Haus, einen schönen Garten zu schaffen. Zuerst wurde gerodet. Dann ließen wir vom Granitbruch in San Piero Lastwagen voll Steine bringen, um die alten Trockenmauern wiederherzustellen. Dann bepflanzten wir die einzelnen Etagen mit Obstbäumen in Hängematten-Entfernung und Sträuchern.

Da unser Grund an den Nationalpark grenzt, bekamen wir von der Parkverwaltung Holzpflöcke und Maschendrahtgitter, damit wir Haus und Garten zum Schutz gegen Wildschweine einzäunen können. Wie kamen die auf die Insel? Roberto erinnert sich, dass in der Nachkriegszeit alle Jäger einen Obolus von 5 Lire zahlen mussten, um Wildschweine aus Ungarn und der Maremma einzuführen, damit sie etwas zum Schießen hätten. Innerhalb von fünfzig Jahren wurden sie zu einer Landplage.

Ich mag Tiere, freu mich über jeden Igel, jeden Gecko und auch vor Schlangen, die wie die Erdkröten in den Trockenmauern wohnen, hab ich keine Angst. Doch als ich einmal gegen Mitternacht vom Freilichtkino in Marciana Marina heimkam und einen großen Eber unter dem Feigenbaum bemerkte, der auf mein Händeklatschen grunzende Drohlaute ausstieß, und sich langsam in Richtung Zypressen entfernte, war ich verängstigt. Denn dort war auch unser Pool und ich getraute mich nicht mehr zu baden, er könnte ja hinter den Zypressen auf mich warten und mich womöglich angreifen. Am nächsten Tag suchten wir die Umzäunung ab und entdeckten das verbogene Gitter und das Loch, durch das er hereingekommen war, was Roberto gleich reparierte.

In diesem Sommer trieben es die Wildschweine gar zu arg. Nicht nur, dass sie in Robertos aufgelassenen Weinbergen außerhalb der Umzäunung große Steine von den Trockenmauern hebelten, eines schaffte es, wieder unter der Umzäunung durchzukommen. Ein nächtlicher Beutezug – schmatz, schmatz – und schon war die Hälfte des knackigen grünen Salates im Frühbeet weggefressen.

„Wozu hast du ein Gewehr", fauchte ich Roberto an, um meinem Ärger Luft zu machen. Zum hundertsten Mal erklärte er mir, dass er kein Wildschweinjäger sei und mit seinem Schrotgewehr früher nur ein paar Vögel oder höchstens ein Häschen für seinen persönlichen Fleischbedarf geschossen hätte und seit zwanzig Jahren keinen gültigen Waffenschein mehr besitzt.

„Dieses Untier, das nicht nur im Frühbeet, sondern auch im Erdbeerbeet gewütet hat, muss erschossen werden. Wenn du dich nicht traust, dann mach ich das", sagte ich provozierend und holte das Futteral mit seinem alten Gewehr aus dem Schrank, sowie ein Fläschchen Ballistol. *„Vai via, questo é roba da uomini"* – geh weg, das ist Männersache – brummte er und machte sich an das Ölen seiner Flinte. Das Frühbeet liegt direkt unter meinem Arbeitszimmer. Eine bequemere Art, als in einer mondhellen Nacht bei offenem Fenster am Schreibtisch sitzend das räubernde Wildschwein zu erlegen, gibt es wohl nicht. Ich machte ihm noch einen starken Espresso und verzog mich. Zwei Nächte saß Roberto mit dem Gewehr im Anschlag am Fenster, doch das Warten ermüdete ihn, wenn ich gegen Mitternacht vorbeischaute, schnarchte er mit dem Kopf auf dem Schreibtisch laut vor sich hin. Währenddessen hat sich unser nächtlicher Dauergast die restlichen Salatköpfe und auch die Erdbeeren einverleibt und reichlich Losung auf dem Rasen hinterlassen.

Das Wildschweinproblem ist auf der Insel schon Partygespräch. Jeder hat andere Ratschläge, wie man sich ihrer erwehren kann, manche empfehlen sogar das Ausstreuen von Mottenkugeln. Ich sah ein, dass ich die Sache selbst in die Hand nehmen muss. Meine österreichische Freundin Ingrid, die ein viel größeres Gelände in Campobagnolo vor Wildschweinen schützen musste, erklärte mir wie das geht. Eine Stahlschlinge mit einem Karabiner an einem kräftigen Baum festzumachen schaffte ich leicht, nachdem ich mir die nötigen Utensilien in der Eisenhandlung besorgt hatte. Roberto lästerte über mein Tun. „Zum Fallenstellen braucht man auch Erfahrung."

Als ich einige Tage später beim Kirschenpflücken aus Versehen in die Schlinge gelaufen war, hatte sich das Stahlseil im Nu um meinen Knöchel geschlungen. Roberto schüttelte sich vor Lachen und wollte, dass ich das blöde Ding abmontiere. Zumindest wusste ich, dass es funktioniert. Trotzdem brachte ich es noch einmal in Position, so schnell wollte ich die Hoffnung nicht aufgeben.

Kurze Zeit danach wurde ich vor Tagesanbruch von einem eigenartig fauchenden Zischlaut wach, ein Geräusch, das ich augenblicklich identifizieren konnte. Im Nachthemd rannte ich auf die Terrasse und sah, dass eine Trockenmauer-Etage tiefer ein mittelgroßes Wildschwein mustergültig mit Kopf und den beiden Vorderhaxen in der Schlinge hing, die sich um seinen Brustkorb festgezurrt hatte. Ich weckte Roberto, machte einen Espresso, reichte ihm das Gewehr und auch sein Gebiss, auf das er in der Aufregung vergessen hatte. Er blickte zum Kirschbaum hinab, zielte und schoss. Aus der kurzen Entfernung ein perfekter Treffer in den Nacken. Nun lag es mausetot friedlich im Gras. Es war ein junger Eber, der noch kaum ausgebildete Hauer hatte. Ich setzte mich neben das tote Tier. „Du könntest noch leben, wenn du nicht so invadent geworden wärst" murmelte ich, und strich über sein noch warmes Fell, während mich Schuldgefühle überkamen. Aus dem Unterbewusstsein drängte sich mir der Titel einer Heming-way-Erzählung auf, *The short happy life of Francis Macomber.* (Das kurze Leben des Francis Macomber)

Zusammen schleppten wir den Kadaver zu einer Steineiche. Ich holte einen Strick, mit denen ihn Roberto an den Hinterbeinen aufhängte, brachte Messer, Wetzstein, einen Kübel für die Fleischstücke und den Gartenschlauch, um das Blut weg zu spritzen. Schweigend arbeiteten wir schnell, wie ein perfekt eingespieltes Team. Jeder hing seinen Gedanken nach. Bei diesem blutigen Geschäft musste ich mich zwingen, meine Fantasie in Grenzen zu halten und Bilder von *Jack the Ripper* und anderen Massenmördern zu verdrängen. Ich hatte Roberto in diese Sache hineingetrieben, wenn die Polizei käme, würde er als Wilderer verhaftet werden.

Das Abhäuten ging erstaunlich gut, denn unter dem Fell befindet sich eine Schicht von Gewebe, die sich leicht mit einem scharfen Messer durchtrennen lässt, ohne dabei das Fleisch zu verletzen. Dann reichte mir Roberto die Eingeweide. Lunge, Herz und Nieren legte ich als Katzenfutter beiseite, die Leberschau war einwandfrei, ohne Blasen oder Verdickungen, die auf Trichinen hinweisen würden. Ein besser genährtes Tier findet man wohl selten. Kastanien, Eicheln, Weintrauben, Fallobst, mein Salat und meine Erdbeeren waren seine Nahrung, nicht irgendwelche hormonverseuchten Futtermittel. Nach einer knappen Stunde war Francis Macomber in handliche Por-

tionen zerteilt und in Plastiktüten verpackt im Tief-
kühlschrank.

Den Kopf und das Fell legte ich außerhalb der Ein-
zäunung auf den Boden und bedeckte es mit etwas
Erde und Blättern. Ein paar Tage später war nichts
mehr da.

Abends saßen wir auf der Terrasse, ließen uns die in
Salbei eingewickelte gegrillte Wildscheinleber mit
gebratenen Äpfeln schmecken und prosteten uns mit
einem Glas Rotwein zu. „Nun haben wir endlich Ruhe", sagte ich. „*Pace?*", erwiderte Roberto, „*non t'illu-
dere, prima o poi vengono di nuovo*" (Frieden? Gib
dich keiner Illusion hin, früher oder später kommen
sie wieder).

Deshalb veranstaltet man nun im Herbst öfter Treibjagden auf Wildschweine. Vom Tal aus werden sie
von Hunden gehetzt den Jägern zugetrieben, Schüsse
knallen, ein paar tote Wildschweine liegen am Weg-
rand und ein Tierarzt, der bei solchen Unternehmungen immer dabei sein muss, verarztet manchmal
Jagdhunde, denen ein bedrängter Keiler mit seinen
messerscharfen Hauern den Bauch aufschlitzt. Diese
Treibjagden schaffen es aber nicht, den Bestand zu
dezimieren, denn eine Bache wirft mindestens
zweimal im Jahr, nach einer Tragzeit von vier Monaten, sechs Junge.

Kurz vor meiner Abreise nach Österreich, besuchte
mich im Herbst Elvira Korf, die Redakteurin und

Herausgeberin der Zeitschrift Elba-Spiegel. Sie hatte schon einmal den Bericht von mir über Friedhöfe, genannt „Schließfächer für die Ewigkeit" veröffentlicht, deshalb zeigte ich ihr das Manuskript mit der Wildschweingeschichte, denn ich habe die Gewohnheit, alle ungewöhnlichen Vorkommnisse meines Lebens aufzuschreiben. Sie wollte es wieder veröffentlichen und ich gab es ihr, nachdem sie versprochen hatte, persönliche Namen und solche der Lokalität zu ändern.

Den Winter verbrachte ich wie immer in Österreich, und als ich im März zurückkam, rief mich Ingrid an und sagte, ich soll mir den Elba-Spiegel kaufen. Nun ahnte ich Schlimmes. *„The short happy life of Francis Macomber"* war unverändert veröffentlicht worden. Ich befürchtete, dass diese Story Roberto zum Verhängnis werden könnte, er womöglich als Wilderer verhaftet würde, doch Elvira sagte „reg dich nicht auf, den Elba-Spiegel lesen nur deutsche Touristen". Roberto erzählte ich nichts von der Veröffentlichung, aber er erfuhr es von meinen Freundinnen, die ihm lachend versicherten, dass sie ihn notfalls im Gefängnis von Porto Azzurro besuchen würden. Zum Glück hatte Elvira recht, die Geschichte im den Elba Spiegel hat kein Italiener gelesen.

Addio Pasqualina

„Uta wach auf, ruf den Tierarzt an und komm dann gleich zum Stall hinauf." Mit diesen Worten wurde ich um sieben Uhr früh geweckt. „Um Gottes Willen, was ist denn passiert?"

„Der Pasqualina geht's schlecht, wir brauchen sofort Hilfe."

Ich konnte so früh den Tierarzt im 25 Kilometer entfernten Portoferraio nicht erreichen, so suchte ich schnell Desinfektionsmittel nahm ein altes Leintuch mit und begab mich zum fünf Minuten entfernten Eselstall hinauf. Was kann unserer Pasqualina passiert sein, die gestern noch so munter herumgaloppierte, sich im Sand wälzte und vom Feigenbaum nicht wegzukriegen war, ehe ich hinaufkletterte und ihr einige Feigen pflückte. Ich konnte es mir nicht vorstellen.

Als ich den Stall betrat lag sie am Boden, hechelte nach Luft, aus ihrem After hing eine kindskopfgroße schleimige Hernie, am Halsrücken hatte sie eine tiefe blutige Wunde, verursacht durch den Strick, der abgeschnitten daneben lag.

„Was ist denn geschehen!", fragte ich fassungslos. „Ich weiß es nicht", sagte Roberto, und erzählte, dass er Pasqualina am Morgen im Seil verheddert und halb erdrosselt vorgefunden hätte. „Sie muss sich in der Nacht aufgebäumt haben, sodass der Strick zwischen ihre Vorderbeine kam, und um sich zu befreien, hatte sie sich auf den Boden geworfen, was alles nur schlechter machte, bei ihren Befreiungsversuchen schnitt der Strick tief in ihre Halskruppe."

„Aber du musst doch was falsch gemacht haben, wie kann sie in diese Lage kommen, wenn sie fachgerecht angebunden war?"

„Hör auf, mich zu beschuldigen, ich hab sie gestern genauso angebunden wie immer. Sie ist jetzt etwa zwanzig Jahre alt, und es hat noch nie Schwierigkeiten gegeben."

Ich kniete mich neben sie und flüsterte in ihr Ohr: „Liebe Pasqualina, meine ganz liebe Nudi, wir machen dich schon wieder gesund!" und versorgte die

Wunde am Hals. Ich heulte fast.

„Versuch noch einmal, den Tierarzt anzurufen", sagte Roberto, „jetzt muss er doch endlich wach sein!"

Diesmal erreichte ich ihn und schilderte den Zustand der Eselin. Er sagte, ich soll so etwa zehn Espresso Kaffee bereiten, ein Glas Cognac oder Grappa dazugeben, und das der Eselin einfach ins Maul gießen, es dann zuhalten, sodass sie schlucken muss. Das braucht sie sofort zur Stärkung des Kreislaufs, und außerdem soll sie stehen.

Diese Methode war anscheinend hier üblich, denn als vor einigen Jahren ein Bauarbeiter vom Gerüst fiel, musste ich ihm auf Geheiß eines anderen Arztes als Soforthilfe auch gleich Kaffee mit Cognac bereiten. Das ging mir während der Kaffeezubereitung durch den Kopf. Ob sie das trinken wird?

Als ich zurück in den Stall kam, hatte Roberto schon den Boden mit frischem Stroh bedeckt, wir versuchten beide, Pasqualina auf die Beine zu bringen. Unmöglich! Schätzungsweise wog sie gute 200 Kilo. Den Kaffee schluckte sie problemlos, denn Roberto hat ihren Kopf so gehalten, dass ich ihn vorsichtig ins Maul gießen konnte.

„Verdammte Motorradfahrer", schimpft er, „schau dir draußen die Spuren an!" Dort, wo es etwas feucht war, konnte man genau Spuren von Motorrädern erkennen, die sich mehrmals um den Eselstall zogen.

Mit einem Schlag war uns das Drama klar. Am Sonntag sind in unserer Gegend neuerdings immer diese Gelände-Motoradfahrer unterwegs, die wie die Verrückten auf den Saumpfaden von Lavacchio den Monte Perrone und Monte Capanne rauf- und runterfahren. Danach haben sie in ihren Übermut wohl auch ein paar Runden um den Stall gemacht und die Eselin so erschreckt, dass sie sich aufbäumte. Demnach muss sie die ganze Nacht in dieser schrecklichen Lage gewesen sein, da sie Roberto gestern um etwa 17 Uhr in den Stall gebracht hatte.

Arme Pasqualina! Ich benetzte ihre Nüstern mit nassen Tüchern, machte Umschläge mit Wasser und Essig auf die Hernie, versuchte, ihr etwas aufgeweichten Hafer einzugeben, doch den schluckte sie nicht. „Roberto, bitte hol doch ihre Lieblingskräuter." Er nahm die Sichel und eilte mit einem Sack davon.

Ich setzte mich so auf das Stroh, dass Paqualinas Kopf auf meinen Schoß zu liegen kam, streichelte sie, ihr Hecheln wurde schwächer. Was habe ich alles in ihr seidiges Pelzohr geflüstert – „Pasqualina weißt du noch, wie wir dich zum Bauern auf der anderen Talseite gebracht haben, als wie für einen Monat nach Österreich fuhren? Auf dir reitend, kam ich mir vor wie Maria, es fehlte nur das Jesuskind. Roberto als Joseph war auch nicht schlecht, obwohl er seine unvermeidliche Nationale im Mundwinkel hatte. Als wir dann die Asphaltstraße überquerten, hielt ein

Auto mit Schweizer Touristen an, die fotografierten uns von allen Seiten. Du warst der große *hit.* Roberto steckten sie eine Schachtel Zigaretten zu, die er erfreut annahm. Sie hatten immer noch nicht bemerkt, dass ich keine Einheimische war. Als ich sie dann auf deutsch anredete, entschuldigten sich, ich musste lachen, erzählte ihnen wo wir wohnten und sie kamen jahrelang auf Besuch, brachten vom Hotel altes Brot für Pasqualina, sowie Schokolade und Zigaretten für uns. Aber jetzt hör ich ein Auto, wahrscheinlich ist es der Tierarzt, bald wird alles wieder gut!"

Es war der Tierarzt und er fragte barsch, wo denn Roberto sei und warum sie nicht aufgerichtet worden war. Ich erklärte, dass wir es allein nicht schafften und Roberto bald mit einigen Helfern kommen wird. Dann hörte er mit dem Stethoskop an ihr herum, gab ihr eine Cortison-Spritze und verschrieb zehn Tuben kühlendes Reparil-Gel für die Hernie. Nun kam Roberto mit zwei Helfern und zu viert, auch der Tierarzt half mit, gelang es endlich, sie aufzustellen. Beim Weggehen sagte er nochmal: „Wenn sie nicht steht, stirbt sie", und bat uns, ihn telefonisch auf dem Laufenden zu halten.

Dann zeigte ihm Roberto noch die Radspuren, und die Männer schimpften nicht nur über die *motociclisti,* sondern auch über die *forestale*, die Forstverwaltung, die so etwas zulässt. Da reden sie immer vom Nationalpark, die Jagd, das Holzfällen und auch das Pilze-Sammeln sollen reglementiert werden, doch diese Scheißkerle mit ihren Motorrädern, die alle Pfade kaputt machen, können sich alles erlauben.

Wir haben vergessen, den Tierarzt zu fragen, ob sie wegen dieser Hernie koten kann und ob wir ihr dabei helfen sollen. Wahrscheinlich muss sie und kann nicht, deshalb mache ich mich daran, mit Gummihandschuhen ganz vorsichtig und zart ‚Eseläpfel' aus ihrem After zu holen. Wie sehr muss das verhedderte Tier gedrückt und gepresst haben, dass so eine Hernie entstehen konnte. Danach knabbert sie nur eine Hand voll Kräuter. Wir trösten uns mit dem Gedanken, dass sie nach dieser schrecklichen Nacht noch keinen Appetit hätte, dass sie erst alles verkraften muss. Gottseidank steht sie jetzt!

Roberto hat sie vor zehn Jahren gekauft, als sie zehn Jahre alt war. Demnach ist sie jetzt zwanzig. Es könnte natürlich sein, dass er beim Kauf getäuscht wurde und sie damals etwas älter war. So wie es „Rosstäuscher" gibt, gibt es bestimmt auch „Eseltäuscher". Ein Esel dieser vitalen Amiata-Rasse kann ohne weiteres bis 25–30 Jahre alt werden.

Unsere Pasqualina mit dem glänzenden grauen Fell, der schwarzen Borste am Rücken ihres Halses und den spitz zulaufenden schwarzen Streifen am Ende der Kruppe, ist eine Schönheit. Ihre braunen Augen sehen wie geschminkt aus. Ihr Beruf ist Tachinieren, sagt Roberto, denn er braucht sie nur einige Monate im Winter zum Arbeiten, den Rest der Zeit macht sie nichts.

Seit ich da bin wird Pasqualina verhätschelt. Erstmalig bekommt sie Liebkosungen, sie trägt die Kinder der Feriengäste auf ihrem Rücken, wird von allen bewundert, denn auf Elba gibt es kaum mehr einen Esel. Früher waren sie unersetzlich als Lasttiere, ohne Esel hätte man die terrassierten Weingärten bis fast zum Monte Capanne hinauf nicht bewirtschaften können. Heute wird nur mehr im flachen Gelände, wo man mit Traktoren arbeiten kann, Wein angebaut.

Ehe wir zum Haus runter gehen, umarme ich Pasqualina, die so heißt, weil sie zu Ostern geboren wurde. Roberto wendet sich brüsk ab, für ihn ist ein Esel ein Esel und kein Schmusetier.

Gewöhnlich bindet er sie frühmorgens an geeigneter Stelle am Hang zwischen Haus und Stall mit einem langen Strick an, so dass sie innerhalb dieses Kreises fressen kann, dann geht er mit der Motorsäge in den Wald. Wenn ich dann gegen neun Uhr die Außentreppe runterkomme, hörte ich schon ihr *ihaaa, ihaaa, ihaaa*. Obwohl sie in einiger Entfernung angebunden ist, bemerkt sie mich gleich. Gemütlich Frühstücken und dabei Musik hören hab ich mir schon längst abgewöhnt, ich lebe hier auf italienische Art, wir essen mittags und am Abend. So trinke ich schnell den Kaffee und eile den Hang hinauf, um sie loszubinden.

Sie weiß ganz genau, bei wem sie sich alles erlauben darf, nämlich bei mir. Statt sich am Strick von mir führen zu lassen, rennt sie los und galoppiert *tam-tarradamm, tam-tarradamm* hinunter zu unserer Baustelle, wo sie sich genüsslich im Bausand wälzt. Ich beobachte sie dabei amüsiert. Der Maurer lacht auch, er hat nur was gegen meine Katzen, die den Bausand als Klo benützen. Die Eselin braucht ihr Staubbad genauso wie ihr Herr, denke ich. Denn auch Roberto bepudert sich nach dem abendlichen Duschen und eher schlampigen Abtrocknen mit *Roberts Talcum Powder*, sodass er aussieht wie ein köstlich nach Vanille duftender Mehlwurm. Der Zweck ist derselbe. Das Einpudern bindet die Feuchtigkeit, hält einen trocken und gesund.

Oft kommt sie zum Haus, steckt ihren Kopf durch die halboffene Tür und wartet, bis ich ihr Salat, Karotten oder Mangold vom Garten bringe. Nach diesen Leckerbissen ist sie gutgelaunt und lässt sich unter einem der Olivenbäume anbinden, dort hat sie Schatten und Gras. Angebunden wird sie erst seit einigen Jahren, denn sie ging in des Nachbarn Weingarten, fraß einen Teil der Knospen ab, eh man sie bemerkte und verjagte. Roberto musste als Wiedergutmachung den Gegenwert von 200 DM zahlen, obwohl die abgeknabberten Spitzen wieder nachwuchsen.

„Mit deinem Getue hast du die Eselin total verpatzt, sie pariert nicht mehr, früher ging sie ohne Fisimatenten zum Stall rauf", schimpfte mich Roberto.

Manchmal kam er sogar von der Holzarbeit früher zurück, weil die Eselin, die er zum Transport des Holzes brauchte, streikte. Ich fand das eher zum Lachen, denn Pasqualina hat unter meiner Ägide so viel Liebe und Zuneigung erfahren, ihre Persönlichkeit entwickelt und lässt sich nicht mehr herumkommandieren. Sie dankt mir auch auf ihre Weise und legt manchmal ihren Kopf auf meine Schulter. Ein Esel auch ist nicht störrisch, er hat nur seinen eigenen Willen. Und er ist nicht dumm!!!

Am nächsten Morgen liegt sie wieder am Boden, ihr rechter Vorderfuß ist nur mehr ein blutiger Stumpf ohne Huf, Roberto bittet mich, wieder den Tierarzt anzurufen. Am Vortag hing der Huf noch am Bein und ist deshalb weder dem Tierarzt noch uns aufgefallen. Vielleicht hat sie in der Schreckensnacht dauernd mit dem Huf gegen die Stallwand geschlagen, sodass er sich zu lösen begann. Sicher ist das der Grund, warum sie nicht stehen mag.

Der Tierarzt sagt, dass Hufe normalerweise wie Nägel nachwachsen. Sie bekommt um den blutenden Stumpf einen Verband und eine Art Schuh drüber. Wichtig ist, dass sie steht, sagt er, auch auf drei Beinen. Als ich am späten Nachmittag in den Stall ging, lag sie wieder am Boden, und nicht einmal mit der improvisierten Seilwinde bringen wir sie zum Stehen. Ich wollte sie nicht allein lassen, hatte mir einen Schemel geholt und setzte mich neben sie, ihren Kopf auf meinem Schoß. Bis zur Dunkelheit blieb ich bei ihr und schrieb dabei meiner Gewohnheit nach alles in ein Heft. Der durch den Strick hervorgebrachte Einschnitt am Hals ist schon am Verheilen, ihre Nüstern sind kühl, doch die schreckliche Hernie hat sich noch nicht zurückgebildet und der Fußstumpf ohne Huf schmerzt sie wahrscheinlich. Jedenfalls frisst sie nicht mehr und steht nicht mehr. Sie liegt sie nur mehr apathisch da, mit ihrem Kopf auf meinem Schoß.

Am Tag darauf holen wir wieder den Tierarzt, der sagt, dass nichts mehr zu machen ist, sie muss getötet werden. Muss sie? Wie? Durch einen Schussapparat, mit dem auch Schlachttiere erschossen werden. Ich glaube, Pasqualina nimmt ihr Schicksal an. Morgen um 5 Uhr früh wird ihrem Leid ein Ende gemacht. *Addio, addio Pasqualina, addio mia asinella bella, non ti dimentichiamo mai!!*

Kamele

Viele Kamelkarawanen habe ich in Afghanistan und Pakistan erlebt, auf einem geritten bin ich erst im November 2002. Da reiste ich mit österreichischen Journalisten-Freunden nach Tunesien. Im südlichen Teil des Landes, in Douz am Rand der Sahara, sahen wir zufällig im Tourist-Office einen Anschlag: *„A camelride in the desert, night in a tent, dinner included – € 45 pro Person"*. Gebongt!

Wir entscheiden uns sofort, das Abenteuer soll am gleichen Tag in Zaafrane losgehen. Dort parken wir das Auto im Garten unter Tamarisken des kleinen Hotels, können bis zum nachmittäglichen Aufbruch sogar ein Zimmer und den Pool benützen. Hier sitzt schon eine sympathische Französin, die mit ihrem Freund ebenfalls den Kamelritt mitmacht und im eiskalten Pool, was mit den niedrigen Nachttemperaturen zusammenhängt, krault der Kalifornier Brian, angetan mit einer Schwimmbrille. *„He doesn't feel well if he cannot swim a mile"*, sagt seine Freundin Julie.

Die Kamele, die man eigentlich Dromedare nennen soll, denn sie haben nur einen Höcker, stehen mit gekoppelten Beinen etwas abseits. Eines ist ein wunderschönes helles Tier mit einem blauen und einem braunen Auge, alle fressen mir mit Begeisterung das im Hotelgarten abgerissene Grünzeug aus der Hand. Ganz geheuer ist mir dabei nicht, in Afghanistan habe ich auch zornige Kamele gesehen.

Beim Start sieht Brian mit seinem fachgerecht gewickelten Turban aus, wie ein amerikanischer *Lawrence of Arabia*. An seinem Gürtel baumelt eine Wasserflasche, wahrscheinlich hat er auch eine Überlebensration dabei. Der uns begleitende Beduine lässt die Kamele niederknien und sagt, wir sollen uns fest am Sattel anhalten, damit wir nicht runterfallen, wenn sie auf Kommando aufstehen. Meins steht schon vor dem Kommando auf und ich kann gerade noch das Gleichgewicht finden, möchte nicht herunterfallen und den Joker für alle abgeben. Schon geht es im Schaukelschritt durch die Dünenwüste, zwei unserer sieben Kamele werden von den Beduinen geführt, anscheinend gibt es unter den Hengsten Rivalitäten, einer gurgelt, eine große Blase kommt aus seinem Maul und die Spuke spritzt nur so hin- und her. Anfangs naschen sie noch während des Gehens an den kümmerlichen Tamariskenbüschen, doch bald sind wir in der Dünenwüste wo es nichts mehr zu knabbern gibt.

Jeder ist mit seinen Gedanken allein und mir wird ein Limerick zum Ohrwurm: *„There was a Lady of Niger, who smiled when she rode on a tiger, coming back from the ride with the lady inside, the smile was on the face of the tiger"* und ich versuche, diesen Reim auf die jetzige Situation umzudichten, komme aber nicht sehr weit. Nach eineinhalb Stunden ist das Camp erreicht, bestehend aus einigen seitlich offenen Ziegenhaarzelten mit Betten für uns, einem Häuschen mit Duschen, Toiletten und einem Waschtrog.

Was für eine Dünenwüste! Ein Meer aus Sand! Einladend, warm, sauber. Vergessen sind die im Reiseführer stehenden Warnungen vor Hornvipern und Skorpionen. Wir laufen barfuß auf die Dünen hinauf, um auf deren Kamm liegend den Sonnenuntergang abzuwarten.

In diesen Breitengraden wird es schnell dunkel und während Brian und Julie noch mit der Frisbee-Scheibe spielen, wird schon zum Abendessen im Schein einer aggregatbetriebenen Lagerbeleuchtung am langen Tisch gerufen. Suppe und ein schier ungenießbares Couscous mit einem Brocken Schaffett. Darüber freuen sich die Wüstenspringmäuse, die sich unter dem Tisch mit ihren känguru-ähnlichen längeren Hinterfüßen so schnell bewegen, dass man nur ein Huschen bemerkt. Nach dem Essen wird das Aggregat abgebschalten, wir sitzen im Dunkeln, nur der Ausrüstungsfanatiker Brian spielt im Licht seiner Stirnlampe mit Julie auf einem winzigen Brettchen mit aufsteckbaren Figuren Schach.

Inzwischen haben die einheimischen Begleiter bei den Dünen aus trockenen Palmwedeln ein Feuer gemacht, wir sitzen gemütlich im Sand, trinken Pfefferminztee und unterhalten uns angenehm leise bald auf englisch, bald auf französisch. Brian spielt auf seiner Mundharmonika ein paar *square dance* Melodien. Es ist der neunte Tag des zunehmenden Mondes, der schon am Himmel steht und ich danke Allah, dass wir so eine kleine, ideale Gruppe sind.

Am nächsten Mittag reiten wir aus der Wüste zurück nach Zafraane. Ich hatte ein anderes Kamel, dessen Sattelpolster so knüppelig war, dass mein Allerwertester beim Reiten schmerzte und der gestern angefangene Limerick flog mir nur so zu:

„There was a lady of Austria, who smiled when she rode on a Dromedar, coming back from the ride, with a sore backside, she said: To hell with the ride on a Dromedar."

UTA MAZZEI-KARL

KISIL AYAK

Sie nannten mich Rotstrumpf

EIN ERLEBNISBERICHT

ISBN: 978-3-7323-4048-4 (Paperback)
978-3-7323-4049-1 (Hardcover)
978-3-7323-4050-7 (e-Book)

„Kisil Ayak" ist beziehbar beim tredition Verlag (www.tredition.de/buchshop), bei Amazon und weiteren zahlreichen Online-Buchshops sowie in jeder Buchhandlung.

ISBN   978-3-7345-2485-1 (Paperback)
        978-3-7345-2486-8 (Hardcover)
        978-3-7345-2487-5 (e-Book)

„Wo, bitte ist Belutschistan?" ist beziehbar beim
tredition Verlag (www.tredition.de/buchshop),
bei Amazon und weiteren zahlreichen Online-
Buchshops sowie in jeder Buchhandlung.

ISBN: 978-3-7469-1525-8 (Paperback)
        978-3-7469-1526-5 (Hardcover)
        978-3-7469-1527-2 (e-Book)

"Zehn Monate mit dem Auto nach Afghanistan, Pakistan und **Indien"** ist beziehbar beim tredition Verlag   (www.tredition.de/buchshop), bei Amazon und anderen zahlreichen Online-Buchshops sowie in jeder Buchhandlung.

Uta Mazzei-Karl

Haus über den Wolken

Zurück zur Natur nannte man Ende der sechziger Jahre den Trend, der viele veranlasste, etwas am Land zu erwerben. Die Autorin erzählt, wie sie diesen Traum verwirklichte.

ISBN   978-3-347-27241-5 (Paperback)
        978-3-347-27242-2(Hardcover)
        978-3-347-27243-9 (e-Book)

Haus über den Wolken" ist beziehbar beim tredition Verlag (www.tredition.de/buchshop), bei Amazon und weiteren zahlreichen Online-Buchshops sowie in jeder Buchhandlung.

Zeitfracht Medien GmbH
Ferdinand-Jühlke-Straße 7
99095 Erfurt, Deutschland
produktsicherheit@kolibri360.de